蛋鸡产业提质增效与转型升级发展模式研究

王丽明 秦 富 武玉环 朱 宁 贾 伟 著

中国农业科学技术出版社

图书在版编目(CIP)数据

蛋鸡产业提质增效与转型升级发展模式研究 / 王丽明等著. --北京：中国农业科学技术出版社，2022.5
ISBN 978-7-5116-5681-0

Ⅰ.①蛋… Ⅱ.①王… Ⅲ.①卵用鸡-养鸡业-产业发展-研究-中国 Ⅳ.①F326.3

中国版本图书馆 CIP 数据核字(2021)第 280554 号

责任编辑　崔改泵
责任校对　李向荣
责任印制　姜义伟　王思文

出 版 者	中国农业科学技术出版社
	北京市中关村南大街 12 号　　邮编：100081
电　　话	（010）82109194（编辑室）　　（010）82109702（发行部）
	（010）82109709（读者服务部）
网　　址	http://www.castp.cn
经 销 者	各地新华书店
印 刷 者	北京建宏印刷有限公司
开　　本	170 mm×240 mm　1/16
印　　张	10
字　　数	172 千字
版　　次	2022 年 5 月第 1 版　2022 年 5 月第 1 次印刷
定　　价	50.00 元

▶━━━ 版权所有·翻印必究 ━━━◀

资　　助

科技部重大专项项目"高产蛋鸡高效安全养殖技术应用与示范"课题五"蛋鸡产业提质增效、转型升级发展模式的研究与评估"

摘　要

随着蛋鸡产业的发展，蛋鸡养殖规模和标准化水平不断提高，产业结构更趋合理，行业竞争力也不断提升。养殖主体越来越多元化，养殖技术水平和机械化程度不断提高。但蛋鸡产业发展仍然面临一系列更加突出的挑战，尤其是资源、技术、经济以及环境的约束，因此亟须在厘清国内蛋鸡产业发展情况的基础上，顺应产业发展规律，破解中国蛋鸡产业发展存在的难题，加快推进中国蛋鸡产业健康可持续发展的进程。提质增效是蛋鸡产业发展的必然要求。本书构建蛋鸡养殖模式及养殖效率的理论框架，利用经济学原理进行分析，尝试提出不同条件下养殖模式的适用性，为下一步推动蛋鸡养殖业转型升级、提质增效的具体实施提供依据。本研究主要结论如下。

第一，从全国各地区分规模蛋鸡养殖生产率比较来看，小规模全要素生产率较高，而中等规模的技术进步较快，大规模效率改进还有空间。蛋鸡养殖主产区全要素生产率高于非主产区。小规模蛋鸡养殖场在大部分地区没有实现蛋鸡养殖效率优化；中等规模蛋鸡养殖场的养殖效率差异较大；大规模蛋鸡养殖中技术水平提升仍然是养殖发展中的难题。蛋鸡养殖场存在效率改善空间，但养殖技术进步率相对较低。尤其是对小规模养殖场而言，改善空间更明显，小规模蛋鸡养殖户要注重效率改善；中等规模蛋鸡养殖户要更加注重 MLTECH 技术进步水平；大规模蛋鸡养殖户要注重全要素生产率。

第二，从调研的样本来看，养殖模式使用与养殖规模、养殖年限有一定关系。阶梯型笼养相对叠层型笼养在我国应用得更为广泛，小规模养殖场养殖模式以阶梯型养殖为主。随着养殖规模扩大，叠层型饲养模式使用比例逐渐上升，饲养规模在 5 万只以上的养殖场使用叠层型笼养模式的比例较高。养殖年限在 0~5 年的养殖场，使用叠层型笼养模式的比例最高。蛋鸡养殖和其他农业从业者一样，呈现出从业者年龄偏高、受教育程度以初中为主、以家庭集中养殖为主的特征。

第三，从养殖模式和养殖收益的关系来看，农户使用阶梯型蛋鸡养殖模式与蛋鸡养殖年限、养殖收入占家庭总收入的比重呈现出正相关关系，与家庭决策者性别为男性呈负相关关系。喂养蛋鸡所使用的饲料类型与阶梯型蛋鸡养殖模式呈现显著的正相关关系。

第四，从养殖模式和养殖技术效率的影响来看，采用叠层型笼养模式的技术效率高于阶梯型笼养模式。叠层型笼养比阶梯型笼养模式的技术效率高 0.012 8（3.41%），而既有阶梯型又有叠层型笼养模式的养殖场技术效率高于阶梯型笼养模式 0.103 1（27.47%）。养殖场负责人家庭特征中专业化程度对技术效率有明显负向影响，有家属在城镇定居的技术效率明显高于没有家属在城镇定居的养殖场。养殖场为示范场的技术效率显著高于非示范场，采用机械化方式清粪的技术效率显著高于人工方式，以家庭为单位经营的养殖场技术效率显著高于其他组织形式。负责人为男性的养殖技术效率明显高于负责人为女性的养殖场，年龄对技术效率有明显负向影响。

第五，从经济学理论出发，测算蛋鸡养殖户的生产要素弹性和最大化利润，依据此，推算蛋鸡养殖户的适度规模。从现有要素产出的替代弹性来看，蛋鸡养殖场（户）适度规模为 16 138 只；而从养殖户利润最大化的角度来看，蛋鸡养殖户适度养殖规模为目前实际养殖规模的 4 倍。蛋鸡养殖户应加大养殖投入，进一步扩大养殖规模。

第六，开展蛋鸡粪污资源化利用、蛋种鸡"叠层笼养+人工输精"模式和商品蛋鸡高效安全饲养管理等三种技术集成模式的经济效益和社会效益的评价分析。蛋鸡粪污资源化利用技术应用后获利明显，蛋鸡粪污罐式发酵工艺加工 1 吨鲜鸡粪可新增经济效益 80.95 元，"蛋鸡粪污槽式发酵工艺+液体肥"加工每吨鲜鸡粪可新增经济效益 489.59 元，"蛋鸡粪污厌氧发酵工艺+液体肥发酵"加工每吨鲜鸡粪可新增经济效益 336.99 元。蛋种鸡"叠层笼养+人工输精"技术集成应用后，每只蛋种鸡可新增经济效益 39.06 元，已累计推广规模约 603 万套，平均每年能为社会增加 6 146.94 万元的经济效益。商品蛋鸡高效安全饲养管理技术集成应用后，每只商品蛋鸡可提高产蛋量 0.4 千克，死淘率降低 0.9 个百分点，饲料转化效率提高 0.06，每只蛋鸡可新增经济效益 6.49 元。

本研究提出如下政策建议：重视产业合理布局规划，提高蛋鸡养殖标准化规模化水平，加强技术研发和培训指导、建立蛋鸡福利养殖系统。

目 录

第1章 导论 ··· 1
1.1 研究背景 ·· 1
1.2 研究目标与研究内容 ·· 2
    1.2.1 研究目标 ··· 2
    1.2.2 研究内容 ··· 2
1.3 研究方法与数据来源 ·· 4
    1.3.1 研究方法 ··· 4
    1.3.2 数据来源 ··· 6
1.4 研究特色与可能创新 ·· 6

第2章 研究现状与述评 ··· 7
2.1 针对提质增效的研究 ·· 7
2.2 技术效率研究 ·· 8
    2.2.1 不同农业产业的技术效率测算 ································· 8
    2.2.2 技术效率的影响因素分析 ······································ 10
2.3 关于蛋鸡养殖模式的分析 ·· 11
    2.3.1 养殖模式类别 ·· 11
    2.3.2 不同笼养模式的比较 ·· 12
2.4 养殖模式对养殖效益的影响 ··· 13
    2.4.1 叠层笼养和阶梯笼养经济效益比较分析 ·················· 13
    2.4.2 养殖模式影响蛋鸡养殖效益的作用机理 ·················· 14
    2.4.3 不同养殖模式选择分析 ··· 15
2.5 农户经营行为分析 ·· 16
2.6 文献述评 ·· 16

第3章 我国蛋鸡产业发展现状、问题与未来展望 … 19

3.1 产业发展历史及现状 … 19
3.1.1 缓慢发展期（1949—1978年） … 19
3.1.2 初步发展期（1979—1990年） … 20
3.1.3 快速增长期（1991—2000年） … 21
3.1.4 稳步发展期（2001年至今） … 22

3.2 我国蛋鸡产业布局情况 … 23
3.2.1 主产地区分布 … 23
3.2.2 蛋鸡产业布局变动情况 … 24
3.2.3 我国蛋鸡养殖规模特征 … 26

3.3 我国蛋鸡产业存在的问题 … 28
3.3.1 蛋鸡养殖以小规模为主，抵抗风险能力较弱 … 28
3.3.2 蛋鸡生产成本攀升，中小规模蛋鸡养殖利润持续下降 … 29
3.3.3 蛋鸡疫病防控形势依然严峻 … 29
3.3.4 鸡蛋品牌化水平不高，深加工水平较低 … 30
3.3.5 蛋鸡养殖环境约束增强，对行业影响加大 … 30
3.3.6 国内蛋鸡养殖技术参差不齐 … 30

3.4 我国蛋鸡产业未来发展趋势 … 31
3.4.1 标准化规模养殖程度不断提高 … 31
3.4.2 适应环保要求，调整生产布局 … 31
3.4.3 产业升级步伐加快 … 32
3.4.4 科技支撑蛋鸡养殖产业进一步增强 … 32
3.4.5 防控措施更加完善 … 32

3.5 本章小结 … 33

第4章 蛋鸡养殖数据库建设和养殖模式评价分析 … 35

4.1 蛋鸡养殖数据库建设 … 35
4.1.1 养殖模式评价调研 … 35
4.1.2 规模化养殖与要素配置调研 … 36

4.2 养殖模式评价分析 … 37
4.2.1 蛋鸡养殖模式基本情况 … 37

4.2.2 不同养殖模式下家庭特征情况 ………………………………38
　　4.2.3 不同养殖模式下的生产经营情况 ……………………………39
　　4.2.4 不同养殖规模下经营方式与生产指标 ………………………39

第5章　养殖模式对蛋鸡养殖技术效率的影响 ……………………41
　5.1 蛋鸡养殖投入产出相关指标 …………………………………………41
　5.2 影响养殖模式效率的变量选取及基本情况 …………………………42
　5.3 影响不同养殖模式养殖场技术效率的因素分析 ……………………45
　　5.3.1 蛋鸡养殖场技术效率分布 ……………………………………45
　　5.3.2 影响蛋鸡养殖技术效率的关键因素分析 ……………………46
　5.4 稳健性检验 ……………………………………………………………49
　5.5 本章小结 ………………………………………………………………50

第6章　养殖模式对蛋鸡养殖效益的影响 …………………………51
　6.1 研究方法和数据来源 …………………………………………………51
　　6.1.1 研究方法 ………………………………………………………51
　　6.1.2 数据来源 ………………………………………………………52
　6.2 变量设置及统计性描述 ………………………………………………53
　　6.2.1 变量设置 ………………………………………………………53
　　6.2.2 变量统计性描述 ………………………………………………55
　6.3 蛋鸡养殖模式选择影响因素及成本收益分析 ………………………58
　　6.3.1 蛋鸡养殖户养殖模式选择行为的影响因素分析 ……………58
　　6.3.2 养殖模式对蛋鸡养殖户养殖成本收益的影响 ………………60
　6.4 模型的稳健性检验 ……………………………………………………63
　6.5 本章小结 ………………………………………………………………63

第7章　农户蛋鸡养殖要素结构与适度规模分析 …………………65
　7.1 分析框架 ………………………………………………………………65
　7.2 农户蛋鸡养殖要素产出弹性 …………………………………………66
　　7.2.1 理论模型 ………………………………………………………66
　　7.2.2 模型估计结果及分析 …………………………………………68
　　7.2.3 基于要素产出弹性的农户蛋鸡养殖适度规模 ………………70

  7.3 农户蛋鸡养殖生产要素的边际产量 …………………………………… 73
  7.4 农户蛋鸡养殖要素结构调整 ………………………………………… 75
  7.5 本章小结 …………………………………………………………… 79

第8章 我国蛋鸡养殖生产效率比较分析 …………………………………… 81

  8.1 研究方法与数据说明 ……………………………………………… 82
    8.1.1 研究方法 …………………………………………………… 82
    8.1.2 投入产出指标选取 ………………………………………… 83
    8.1.3 研究对象及数据来源 ……………………………………… 83
  8.2 我国蛋鸡全要素生产率省域比较 ………………………………… 84
    8.2.1 总体角度的全要素生产率 ………………………………… 84
    8.2.2 我国蛋鸡养殖效率变化的时间分析 ……………………… 85
    8.2.3 同一规模下分省份效率变化 ……………………………… 87
  8.3 本章小结 …………………………………………………………… 89

第9章 蛋鸡粪污资源化利用技术效益评估 …………………………………… 91

  9.1 技术背景 …………………………………………………………… 91
  9.2 技术基本情况 ……………………………………………………… 92
    9.2.1 蛋鸡粪污罐式发酵工艺 …………………………………… 92
    9.2.2 蛋鸡粪污槽式发酵及液体肥发酵的集成工艺 …………… 92
  9.3 经济效益评估 ……………………………………………………… 93
    9.3.1 技术新增效益测算 ………………………………………… 93
    9.3.2 技术应用投资回收测算 …………………………………… 94
  9.4 社会及环境效益分析 ……………………………………………… 96

第10章 蛋种鸡"叠层笼养+人工输精"模式技术集成效益评估 ……… 99

  10.1 技术背景 …………………………………………………………… 99
  10.2 技术基本情况 …………………………………………………… 100
  10.3 经济效益评估 …………………………………………………… 100
    10.3.1 技术新增效益测算 ……………………………………… 100
    10.3.2 技术应用投资回收测算 ………………………………… 106
  10.4 社会及环境效益分析 …………………………………………… 108

第11章 商品蛋鸡高效安全饲养管理技术集成效益评估 …… 111

11.1 技术背景 …… 111
11.2 技术基本情况 …… 112
11.3 经济效益评估 …… 112
11.3.1 测算方法及依据 …… 112
11.3.2 示范场基本情况 …… 113
11.3.3 示范场新增经济效益测算 …… 113
11.4 社会及环境效益分析 …… 114

第12章 研究结论与政策建议 …… 115

12.1 养殖模式对蛋鸡养殖"质"和"效"的影响 …… 115
12.1.1 蛋鸡养殖模式以阶梯笼养为主,向标准化、规模化方向转变 …… 115
12.1.2 不同地区、不同规模蛋鸡养殖的生产效率差异明显 …… 115
12.1.3 养殖模式选择受多种因素影响,且对成本收益影响显著 …… 115
12.1.4 叠层笼养模式对技术效率有显著正向影响 …… 116
12.2 技术评价效益的基本结论 …… 116
12.2.1 蛋鸡粪污资源化利用 …… 116
12.2.2 蛋种鸡"叠层笼养+人工输精"模式技术集成 …… 117
12.2.3 商品蛋鸡高效安全饲养管理技术集成 …… 117
12.2.4 重视产业合理布局规划 …… 118
12.2.5 提高蛋鸡养殖标准化规模化水平 …… 118
12.2.6 加强技术研发和培训指导 …… 118
12.2.7 分级分类支持不同规模蛋鸡养殖提升技术效率 …… 119
12.2.8 实现大数据与蛋鸡产业深度融合 …… 119

主要参考文献 …… 121

附录 调查问卷 …… 131

后记 …… 143

第1章 导论

1.1 研究背景

鸡蛋是重要的菜篮子工程产品,在我国居民膳食结构中居于非常重要的地位。蛋鸡养殖属于经济、高效、节粮型畜牧业,是我国畜牧业生产的重要组成部分,也是农村经济发展和农民增收的主导产业之一。近30多年来,我国蛋鸡产业发展速度较快,鸡蛋产量长期位居世界第一。蛋鸡产业形成了较为完善的业内分工体系,综合生产能力稳步提升。2019年,全球鸡蛋产量7 000万吨,我国的鸡蛋产量约为2 800万吨,人均年消费鸡蛋在18千克左右。保持我国蛋鸡产业健康持续发展是优化农业产业结构、保障我国居民膳食营养的要求,也是建设现代化畜牧业的要求(杨宁,2019;孙从佼等,2021)。蛋鸡产业发展仍然面临一系列挑战,尤其是资源、技术、经济以及环境的约束,亟须在厘清国内蛋鸡产业发展状况的基础上,顺应产业发展规律,破解中国蛋鸡产业发展存在的难题,加快推进中国蛋鸡产业健康可持续发展的进程,提质增效是蛋鸡产业发展的必然要求。

我国蛋鸡养殖水平与发达国家和地区相比仍存在差距,以"农户散养""小规模家庭饲养"等为典型特征,且长期难以改变,总体呈现出"大而不强"的局面。蛋鸡产业的主要特征表现为鸡蛋市场波动大,行业稳定性差,从业者素质不高,蛋鸡养殖规模较小,蛋鸡生产综合效率较低,因而,蛋鸡产业发展亟须转型升级和提质增效,但是我国蛋鸡产业综合生产效率不高,与转型升级的要求还有差距,需要进一步研究提升蛋鸡产业生产能力和核心竞争力的路径。在规模分散的产业发展模式下,蛋鸡养殖以质量和效益为着眼点,提高生产效率,提高规模化程度,提高养殖业整体的生产效率和产品质量,是当前蛋鸡养殖者面临的重要课题。随着我国经济社会的发展,在土地资源和环境保护的双重压力下,如何把传统的蛋鸡养殖模式向集约化、高效益、自动化转型,是一个客观存在的社会问题。要适应我国蛋鸡养殖的特点,从小规模大群体的角度上,找出其生产效率低下的原因及提升路径,提出蛋鸡产业转型升级、提质增效的针对性政策建议,对促进蛋鸡产业增质增效、转变蛋鸡产业增长方式,实现蛋鸡产业的可持续发展有着重要的意义。

蛋鸡养殖是我国畜牧业的主导产业之一,提高蛋鸡养殖技术,确保蛋鸡健康养殖,是促进蛋鸡养殖业发展、提高生产性能和经济效益的重要途径。蛋鸡产业如何提质增效、如何进行转型升级、如何开展相关技术集成的评估、如何通过加工促进产业增值、如何通过信息平台服务广大蛋鸡养殖者,均为本研究想要解决的关键问题。构建蛋鸡养殖模式及养殖效率的理论框架,利用经济学原理进行分析,尝试提出不同条件下养殖模式的适应性,为下一步推动蛋鸡养殖业转型升级、提质增效的具体实施提供依据。本研究主要从以下几个方面进行探讨:第一,从宏观层面,测度我国蛋鸡养殖全要素生产率,并进行区域比较;第二,基于调研数据,对我国蛋鸡养殖模式进行多方面比较;第三,就养殖模式对蛋鸡养殖效益的影响进行分析;第四,就蛋鸡养殖模式对蛋鸡养殖技术效率的影响进行比较和分析。据此提出相应的政策建议。

1.2 研究目标与研究内容

1.2.1 研究目标

本研究在归纳、总结、吸收国内外相关研究的基础上,对我国蛋鸡养殖产业进行研究,通过分析调研所得蛋鸡养殖户的数据资料,借鉴农业经济理论、经济学原理的研究方法和思路,提出促进蛋鸡转型升级、提质增效的政策建议。

1.2.2 研究内容

第1章阐述研究的背景和意义、研究内容和研究目标、研究方法和技术路线、主要创新点和不足之处。

第2章介绍研究现状和述评。从蛋鸡养殖技术效率,蛋鸡养殖模式、养殖模式对养殖收益的影响等方面对现有文献进行梳理和总结；从农户养殖规模、养殖技术效率及学者使用的研究方法和数据来源等方面进行评述。

第3章阐述我国蛋鸡产业发展现状、问题与未来展望。梳理我国蛋鸡行业的发展历程。从历史角度将我国蛋鸡产业发展历程分为四个阶段，利用宏观数据，对蛋鸡产业发展变化生产布局变动进行分析，并系统总结蛋鸡产业现存问题，着眼于现实剖析未来蛋鸡产业趋势。

第4章阐述蛋鸡养殖数据库建设和养殖模式评价分析。结合调研数据，重点分析不同养殖模式下蛋鸡养殖场生产经营情况。具体分析养殖场负责人个人特征、养殖场家庭特征，不同养殖模式和不同养殖规模情况下养殖场的养殖设备情况。

第5章阐述养殖模式对蛋鸡养殖技术效率的影响。借助随机前沿生产函数模型，测算蛋鸡养殖户养殖效率，并从养殖模式、养殖规模进行比较分析，把握蛋鸡养殖技术效率的特征。进一步分析多种因素对养殖效率的影响，重点分析阶梯型笼养*模式和叠层型笼养**模式对蛋鸡养殖技术效率的影响。

第6章阐述养殖模式对蛋鸡养殖效益的影响。蛋鸡养殖户如何选择不同的养殖模式，这些养殖模式又有哪些差异，养殖模式如何影响蛋鸡养殖户的产出和成本是该章考察的主要问题。基于373份农户实际调研数据为基础，采用Logit模型就影响蛋鸡养殖户养殖模式的因素进行分析；构建多元回归模型就养殖模式对蛋鸡养殖户养殖收益的影响进行分析。

第7章阐述农户蛋鸡养殖要素结构与适度规模分析。本部分利用超越对数生产函数，测算要素产出弹性以衡量要素贡献，并根据蛋鸡养殖户规模报酬判断其整体规模是否合理；在利润最大化的假设前提下，测算要素的边际产品价值，判断要素投入是否冗余；根据利润最大化及要素贡献测算蛋鸡养殖适度规模，以优化蛋鸡养殖户要素投入结构，促进农户蛋鸡养殖适度规模发展。

第8章阐述我国蛋鸡养殖生产效率比较分析。本部分借助历年《全国农产品成本收益资料汇编》，运用2004—2016年蛋鸡养殖场的投入和产出数据，采用SBM-Malmquist生产率指数方法，测度我国不同规模的蛋鸡养殖场的全要素生产率，并从时间、地区两个维度对蛋鸡养殖场的全要素生产率进行分析，将其分解为技术进步指数、效率改进指数，探究我国蛋鸡

---

* 文中也称为阶梯笼养或阶梯式笼养；** 文中也称为叠层笼养或叠层式笼养。

养殖效率时空变化及内在机理,为各省生产布局和发展战略制定提供相应参考。

第 9 章、第 10 章和第 11 章针对蛋鸡粪污资源化利用、蛋种鸡"叠层笼养+人工输精"模式技术集成、商品蛋鸡高效安全饲养管理技术集成等三类技术,利用中国农业科学院农业经济与发展研究所的经济效益评价模型,开展各技术的经济效益评价,针对可能带来的社会效益进行评估。

第 12 章阐述研究结论和政策建议。

1.3 研究方法与数据来源

1.3.1 研究方法

1.3.1.1 DEA 方法

生产效率的测算主要有两种方法:一是参数法,采用 CD 生产函数,基于数据拟合处生产函数的具体参数值;二是非参数法,不需要构建具体的函数形式,通过数据比较,构建出最优前沿面,将其他数据与前沿面相比较得出,分析样本数据与前沿面的相对关系,距离前沿面越近的样本,其效率越高。DEA(数据包络分析,Data envelopment analysis)是非参数法的典型测算方法,在农业生产效率测算方面得到广泛应用。DEA 方法能比较不同决策单元之间的效率,能够识别出相对有效决策和相对无效单元。DEA 方法有多种模型,在实际中应用最广泛的是 Charnes 等(1978)提出的 CCR(不变规模报酬)模型以及 Farrell 等(1984)对研究假设进行调整得到的 BCC 模型(可变规模报酬)。既可以得出技术效率有效性,又可以分析规模效率和纯技术效率。

设有 n 个决策单元(DMU),其评价指标体系有 m 个输入指标和 n 个输出指标,体系中量化了各决策单元的投入向量 $x_j = (x_{1j}, x_{2j}, \cdots, x_{mj})$ 和产出向量 $y_j = (y_{1j}, y_{2j}, \cdots, y_{nj})$,如式(1-1)。其中,$\theta$ 表示决策单元在规模报酬可变的条件下决策单元的生产效率,λ 表示各决策单元的权重。要素投入指标是由蛋鸡养殖过程中投入的劳动力、资本、饲料成本等构成,产出指标为蛋鸡的鸡蛋产量,数据由调研整理而得。多投入多产出模型、生产决策单元、规模有效、技术有效的效率评价方法,运用模型可以测算各决策单元的效率值和投入松弛变量,采用产出形式的 DEA-BCC 模型形式如下:

$$\text{s. t.} \begin{cases} \min \theta \\ \sum_{j=1}^{t} \lambda_j x_{ij} + S_i^- = \theta x_0 & (i = 1, 2, \cdots, m) \\ \sum_{j=1}^{t} \lambda_j y_{hj} - S_h^+ = y_{h0} & (h = 1, 2, \cdots, n) \\ I\lambda = 1 \\ \lambda_j, S_i^-, S_h^+ \geq 0; j = 1, 2, \cdots, t \end{cases} \quad (1-1)$$

1.3.1.2 随机前沿生产函数法

Aigner、Lovell and Schmidt (1977), Meeusen and Broeck (1977) 提出了随机前沿生产函数法 (Stochastic Frontier Approach, SFA), 可以测算投入对产出的边际影响大小, 还可以计算出生产单元的效率水平, 并进一步测算出效率损失变量对效率影响的大小。

随机前沿生产函数由生产函数和效率损失两部分构成, 其函数表达式子如下:

$$Y = f(x; \beta) \exp(v - u) \quad (1-2)$$

式中, Y 为产出, x 为要素投入, β 为待估计参数。误差项由两部分构成, v 是随机误差, 服从 $N(0, \sigma_v^2)$ 分布, v 表示除投入要素 x 之外不可观察的因素对生产产生的随机影响, u 为非负表示对效率产生损失的随机变量, 当 $u > 0$ 时, 表示存在效率损失, 生产单元位于生产前沿下方, 技术效率不是最优状态, 当 $u = 0$ 时, 表示不存在效率损失, 生产单元位于生产前沿面, 技术效率是最优状态。

1.3.1.3 Logit 模型

学者们广泛使用 Logit 模型研究农户的生产选择行为, Logit 模型一般用于二元选择, 适用于 (0, 1) 分布的数据, 本文主要利用 Logit 分析蛋鸡养殖户养殖模式的选择行为, 选择行为符合效用最大化原则, Logit 模式具体形式如下:

$$y_i = \ln \frac{p_i}{1 - p_i} = \beta_0 + \beta_1 x_1 + \cdots + \beta_j x_j + \varepsilon_i \quad (1-3)$$

一般采用最大似然法估算模型的参数值, β_0 是待估参数, $\beta_1(i = 1, 2, \cdots, n)$ 为回归系数, x_j 是影响养殖户养殖模式选择的因素, ε_i 为误差项。

1.3.1.4 多元线性回归模型

多元线性回归模型用于分析影响蛋鸡养殖户养殖模式选择的因素。回归模型具体形式为:

$$y_i = \beta_0 + \beta_1 x_1 + \cdots + \beta_j x_j + \varepsilon \qquad (1-4)$$

式中：y_i 为被解释变量——蛋鸡的产量，即一个养殖周期，一只蛋鸡平均产蛋重量；β_j 为各对应自变量的回归系数；x_j 表示影响蛋鸡养殖户养殖模式的影响因素；ε 为随机干扰项。

1.3.1.5 经济效益评估

具体评估方法参见第 10 章内容介绍。第 9 章和第 11 章使用的评估方法与第 10 章的方法相同。

1.3.2 数据来源

本文数据来源主要包括以下三个部分。

（1）蛋鸡养殖宏观数据。这部分数据主要来源于《全国农产品成本收益资料汇编》《中国畜牧业年鉴》《中国统计年鉴》及中国畜牧网（http://www.chinafarming.com/）等。

（2）蛋鸡养殖微观数据。这部分数据由课题组组织相关人员调研完成，最终形成两个数据库，即《蛋鸡养殖模式评价调研数据库》和《规模化养殖与要素配置调研数据库》，具体介绍详见第 4 章。其中第 4 章、第 5 章和第 6 章的数据来源于《蛋鸡养殖模式评价调研数据库》。第 7 章的数据来源于《规模化养殖与要素配置调研数据库》。

（3）企业调研数据。这部分数据主要由受访企业和项目主持单位提供。

1.4 研究特色与可能创新

首先，研究视角。本研究以养殖模式为出发点，测定了不同省份的蛋鸡养殖全要素生产率变动情况，剖析蛋鸡养殖技术效率提升的关键因素；并对蛋鸡养殖重点技术进行经济效益评估；通过系统的微观和宏观角度的分析，对蛋鸡产业转型升级、提质增效研究内容进行了补充。

其次，研究内容。本研究采用宏观经济数据与微观调研数据相结合的方式，测定了不同省份的蛋鸡养殖全要素生产率变动情况，及部分省份的蛋鸡养殖成本收益及技术效率，补充了这部分研究文献。

最后，研究方法。本研究采用经典或者前沿的计量经济方法对蛋鸡产业的综合效率、蛋鸡养殖的技术效率进行了定量分析。采用中国农业科学院农业经济与发展研究所的经济效益评估方法，分别对三类技术集成展开评价。

第 2 章 研究现状与述评

本章主要阐述了以下几个方面内容：蛋鸡产业提质增效的内涵；蛋鸡养殖技术效率的评价；蛋鸡养殖模式类别及养殖模式对养殖效益的影响；相关研究的主要方法和主要研究结论。

2.1 针对提质增效的研究

产业要突破发展瓶颈，关键在于技术创新、思路转变，农业中不同行业的学者均对转型升级提质增效进行研究。郭帅鹏等（2020）研究制约河北唐县肉羊产业提质增效的具体因素，主要是产业链条短、品牌建设滞后、销售渠道窄、舍饲养殖成本高、环境污染重等，并针对河北省肉羊产业转型升级和提质增效提出了具体建议。熊飞（2019）针对茶产业发展提出转型升级提质增效的具体思路，认为茶产业应该由传统的扩大面积、增加产量，向质量安全、品质提升、效益提高转变，要通过科技创新、转型升级，实现产业的提质增效。刘仲华（2018）从基础研究、技术创新、产品创新到产业化应用的角度提出茶产业提质增效的思路，认为应该重视创新茶叶深加工技术以及创新加工理论与技术。宫凤鸣和倪新峰（2018）将畜牧业转型存在的问题概括为结构不合理、产品质量待提升、污染严重等，并提出养殖户要积极学习和引进先进的养殖技术，提高畜牧养殖的专业化水平；并提出政府应加大畜产品和养殖污染监管力度，通过科学培训提升养殖人员的综合素质，引进先进的养殖技术和养殖设施设备。李英（2018）将河北省肉鸡产业总体生产效率不高的困境总结为以下多种限制因素：产业发展滞后、资源受限、成本提升、疫病影响加大、环保约束加强、发展动力不足、科技水平低等，研究认为需要依靠科技创新和信息化管理手段，加速河北省肉鸡产业提质增效和转型升级步伐。

针对蛋鸡养殖提质增效的研究较少，多数学者从其他角度进行了分析。蛋鸡产业转型升级遇到的挑战众多，最大的挑战是蛋鸡产业结构混杂，既有简陋鸡舍，也有现代化鸡场（杨宁，2016），应该制定差异化的政策推动蛋鸡产业转型升级。我国拥有世界上最强大的商品蛋鸡体系，也有相应的饲料和疫苗等科技支撑，综合生产能力非常高（杨宁，2017），蛋鸡产业提质增效有良好的技术支撑和科技支撑。中国蛋鸡产业呈现出行业整合速度加快、规模化和标准化推进速度加快、市场导向作用不断加强（朱宁、秦富，2016）；在劳动力成本增长较快、很多年轻人不愿从事生产养殖的情况下，蛋鸡产业机械化、自动化是蛋鸡产业发展的大趋势。目前，我国小规模养殖户的技术水平及自动化水平较低，远远低于蛋鸡行业发展的平均水平，蛋鸡产业提质增效的空间较大。

2.2 技术效率研究

市场对鸡蛋产品的需求量持续增加，但养殖效率低是困扰蛋鸡养殖发展的重要因素。对技术效率的评价，不是单一考量收入或者产出（Wouterse，2016）。技术效率应用广泛，是衡量行业发展水平的重要指标，学者们采用 DEA、SFA 等方法对畜禽行业和其他农业行业的技术效率进行了研究，取得了丰富的研究成果。

2.2.1 不同农业产业的技术效率测算

第一类是对畜牧行业的研究。梁剑宏和刘清泉（2014）从不同规模报酬的角度比较研究我国生猪行业，认为我国生猪养殖整体上处于规模报酬递减阶段，散户尤其小规模养殖户全要素生产率增长速度在下降，中规模养殖户尤其大规模养殖户全要素生产率增长显著。李杰等（2019）运用随机前沿生产函数法研究我国不同区域生猪养殖效率，发现我国生猪养殖重点发展区技术效率具有明显优势，潜力发展区在养殖规模效率、配置效率、经济效率方面优势显著。滕玉华等（2016）运用 DEA 和 Malmquist 指数方法，测算 2009—2013 年我国大规模生猪养殖生产效率，发现：整个样本期间我国大规模生猪养殖的全要素生产率呈增长的趋势，年均增长速度为 0.5%；李俊茹等（2019）采用共同前沿生产函数法，测算了我国 15 省（区）肉牛产业全要素生产率，西部地区肉牛产业全要素生产率最高，其次为东部地区，中部地区最低。崔姹和王明利（2017）综合运用 SSBM 和 GML 指数方法，具体测算奶牛规模养殖环境效率及技术效率。简林强（2018）具体分析了不同规模下兔产业的生产效率，大规模肉兔养殖的技术效率最高，小规模的技术效率最低，配置效率中等规模的效率比大规模和小规模的配置效率高，呈现倒"U"形。左永彦等（2016），环境约束下中国规模生猪养殖的全要素生产率以年均 6.32% 的速度增长，技术进步是拉动全要素生产率增长的主要因素。王琛等（2012）采用 DEA 方法测算与分析了中国生猪不同规模养殖模式的生产效率（技术效率）。

第二类是种植业生产率研究。技术进步是全要素生产率增长的主要动力。郭亚军（2013）和孙昊（2014）采用随机前沿生产函数模型，分别对我国苹果主产区和小麦主产区的生产技术效率进行实证研究，并分析了具体影响因素。章德宾（2018）利用 2009—2016 年全国蔬菜主产区调查数据，采用 DEA 方法测算蔬菜主产区农户生产效率，研究了不同生产方式下农户生产效率和种植规模之间的关系，结果显示露地种植户与大规模农户种植效率更高。石自忠（2019）借助 Malmquist 指数和随机前沿生产函数法对 2011—2017 年我国牧草产业全要素生产率进行实证分析，结果表明，样本期间苜蓿全要素生产率年均下降 2.32%，青贮玉米和黑麦草全要素生产率年均增长 8.91% 和 0.33%。孙瑜（2019）利用在苹果主产区山东省烟台市的实地调研数据，运用 DEA 方法实证分析了采用新技术后技术效率的变化和差异。方国柱等（2019）采用 DEA-Malmquist 对我国柑橘全要素生产率进行了差异化分析。何悦和漆雁斌（2019）基于 2003—2014 年粮食主产区面板数据，采用 DEA 方法具体分析了粮食生产技术效率。

第三类是蛋鸡产业生产率研究。杨皓天（2019）采用共同前沿生产函数方法对蛋鸡养殖户技术效率进行研究，研究认为小规模养殖户的技术效率水平保持平稳，中等规模养殖户水平呈上升趋势，大规模养殖户技术效率呈上升趋势，但是技术效率水平较低。徐梦（2018）运用 Malmquist-DEA 方法，对 2007—2016 年山东省大、中、小 3 种规模的蛋鸡养殖生产率进行了比较分析，研究认为小规模蛋鸡养殖技术进步指数高于大规模和中等规模，但波动较大。唐娅楠和薛凤蕊（2015）运用 DEA 方法和 Malmquist 指数方法，对河北省中等规模蛋鸡养殖户的生产效率和技术进步进行测算，认为河北省蛋鸡产业在综合技术效率、纯技术效率、规模效率三方面接近效率最优，在技术效率及全要素生产率方面距离效率最优有一定提升空间。

张领先等（2013）运用 DEA 方法和 Malmquist 指数方法以北京家禽产业为研究对象，测算结果表明，2005—2009 年大部分年份其投入产出均处于最佳状态，技术进步速度平均为 3.2%，技术效率不断上升。朱宁和秦富（2015）利用 2004—2013 年蛋鸡养殖的投入产出数据，从环境效率角度分析了不同规模蛋鸡养殖场的效率，采用 SBM 模型和 Malmquist-Luengerber 生产率指数方法，认为小规模蛋鸡养殖场的环境效率值最高，中规模蛋鸡养殖场的环境效率值最低；目前我国规模养殖场还未达到规模养殖与生态环境协调发展的阶段，尤其是中规模蛋鸡养殖场。赵一夫和秦富（2015）研究认为蛋鸡养殖综合效率不高的原因在于规模效率较低，3 000只以下的规模养殖场（户）在规模效率方面具有较大改进空间，5 万只左右的规模养殖场效率最高。朱宁（2015）从蛋鸡粪便处理的角度重点对蛋鸡养殖场的环境全要素生产率进行了测度，并比较分析了不同规模蛋鸡养殖场的环境效率与环境全要素生产率。朱宁（2019）采用 Malmquist 指数方法测算了蛋鸡规模养殖场的全要素生产率指数。

2.2.2 技术效率的影响因素分析

不同学者从多个角度分析影响生产主体技术效率的影响因素。韩振等（2019）研究发现草原生态补奖政策、资本投入对于稳定和提升牧区肉羊养殖生产效率有正向影响。石自忠（2019）系统研究了影响牧草产业全要素生产率的因素：牧草生产水平、经营者素质、牧草产业政策支持、外部环境的冲击等。金珏雯和穆月英（2019）研究发现经营者从业年限、家庭年收入情况、使用测土配方施肥技术对设施农业的生产效率具有显著的正向影响，蔬菜生产设施类型、劳均蔬菜种植面积对碳效率具有显著的负向影响。苏宝财（2010）发现茶农的年龄对技术效率是正向显著影响，年龄越大，技术效率越高。

针对畜牧业养殖效率的影响因素，学者从不同的角度进行了分析。李杰等（2019）对生猪产业进行了分析，发现养殖户户主受教育水平、机械化水平与生猪养殖效率具有正相关性。李俊茹等（2019）对 2013—2017 年我国 15 个省区肉牛产业研究发现，农业机械化、政策扶持、交通条件、牧草生产、乡镇畜牧兽医队伍建设和规模化养殖对肉牛产业全要素生产率产生正向影响，农村居民收入及粮食生产具有负面影响。祝丽云（2018）通过研究 2011—2015 年我国 28 个省份乳业供应链数据，发现乳制品企业规模和盈利能力对乳业供应链全要素生产率提升具有显著的正向影响，奶牛养殖规模和地区生产结构则表现出显著负影响，环境规制没有显著相关性。刘春鹏（2018）认为外出务工收入回流有助于促进养殖户的生产性投资，对养殖技术效率提升起到了积极作用。许荣（2019）针对绒毛羊生产进行研究发现，年龄、受教育程度、养殖规模和参加合作社均对受信贷约束农牧户的生产技术效率具有正向作用。许荣和肖海峰（2019）发现技术采用对细毛羊生产技术效率具有一定的改善，但改善空间局限于养殖的规模；技术采用所带来的畜牧业生产技术效率提升作用会随着技术效率的增加而逐渐被消耗，畜牧业产出与技术采用之间具有"边际递减"效应。对肉兔产业效率的影响因素，简林强（2018）主要分析了技术人员占饲养人员的比重、是否获得贷款支持、肉兔的繁殖方式、品种等方面。孙致陆等（2013）基于毛用羊养殖农牧户调查数据，采用随机前沿生产函数模型对农牧户羊毛生产的技术效率及其影响因素进行了分析。2000—2014 年我国肉羊生产效率表现出快速增长的态势，主要归功于肉羊生产技术进步（王雪娇和肖海峰，2018）。

针对蛋鸡研究，除了农户特征以外，有些学者针对蛋鸡产业特性开展了研究，例如朱宁和秦富（2014）研究认为采用刮粪板清粪的蛋鸡养殖生产效率高于人工清粪，清理频率越高，蛋鸡养殖生产效率越高。清粪方式和清粪频率对蛋鸡养殖生产效率具有显著影响。此外，户主年龄、是否接受过养殖培训、养殖规模和养殖年限对蛋鸡规模养殖生产效率也具有显著影响。丁志超等（2016）选取 2004—2014 年大、中、小规模蛋鸡养殖投入产出面板数据，运用随机前沿方法（SFA）对我国蛋鸡养殖的成本效率情况进行实证分析。朱宁（2014）利用 2004—2013 年蛋鸡养殖投入产出数据，采用 DEA 方法具体分析蛋鸡粪便清理方式和频率对蛋鸡养殖生产效率的影响。朱宁（2015）研究认为机械化使用能够提升蛋鸡养殖技术效率。

2.3 关于蛋鸡养殖模式的分析

2.3.1 养殖模式类别

阶梯式笼养（又称为"阶梯笼养"）：采用上下层错开 10~20 厘米宽度的鸡笼（大约一个料槽的宽度），鸡笼呈"A"形安装（朱国安和许殿明，2016）；其优点如下：光照较好，成本节约，冬季保温效果好，集蛋便利,但占地面积大,与叠层式相比饲养密度小;清粪方式有刮板清粪和皮带清粪两种,是早期使用的蛋鸡养殖设备,一般的中小型蛋鸡养殖场仍较多使用阶梯式蛋鸡设备,与散养模式相比可以节省人力。

叠层式笼养(又称为"叠层笼养"):上下层完全重叠的笼养模式。其优点如下:可实现自动上料、自动清粪、自动集蛋,减少人工投入。与阶梯式笼养、传统笼养相比,叠层式相对设备投入较低、环境效益好,且饲养密度大,大幅度提高了土地的利用率(王龙,2015)。4叠层笼养使用较为普遍,1平方米场地的蛋鸡养殖数量可以达到17~20羽(杨丽丽,2016)。

蛋鸡福利养殖大致有4种。①大笼饲养:每只产蛋鸡占有至少0.75平方米,有产蛋巢、垫草和适当的栖木,以符合蛋鸡的啄草、抓草和栖息的自然本能。②棚舍饲养系统:产蛋鸡在舍内地面(板)上饲养,可多层地板式饲养,养殖密度每平方米不超过9只,如果在此种养殖方式下,产蛋鸡可在不同层的层架上自由来回跳动,层架一般不超过4层。③自由散养系统:要求同舍内饲养。④有机饲养:产蛋鸡自由散养,按照特殊规则进行饲养,饲喂有机饲料,限制兽医处理和兽药使用。

2.3.2 不同笼养模式的比较

传统笼养模式在我国仍然是蛋鸡的主要饲养方式。与其他饲养模式相比蛋鸡笼养模式具有成本低、管理和防疫方便的优点,但同时存在蛋鸡互动空间狭小、翅膀和腿极易骨折等问题(曹晏飞等,2014)。目前,我国蛋鸡养殖模式有地面平养、网上平养、散养和笼养;笼养是将蛋鸡在距离一定地面高度的笼子内集中养殖,具有养殖密度高、立体化结构的特点,与地面平养方式相比能更有效利用鸡舍空间,叠层蛋鸡笼养模式越来越被养殖户采用(李跃杰,2019)。阶梯笼养模式是我国蛋鸡养殖的主要方式,且以3层或4层阶梯笼养为主(冒留留,2019),在我国使用较为广泛且时间较长,受限于家庭小规模养殖为主的养殖结构,以及企业其他养殖模式经验不足等原因,我国传统笼养模式仍将持续一段时间。

耿爱莲和李保明(2006)对比分析了不同养殖模式下蛋鸡福利、生产成本、死亡率及生产性能,发现欧盟福利养殖模式的成本会增加13%,相比地面平养和散养,笼养模式能更好利用空间(周丽,2019),蛋鸡死亡率较低,生产性能较高。Hester(2005)从遗传学、环境、动物行为方面具体分析了福利养殖对蛋鸡的健康和福利方面的改善。Zijpp 等（2006）从经济效益、生态效益、社会效益方面对蛋鸡不同养殖模式进行了比较分析：结合每千克鸡蛋所生产二氧化碳等污染物排放量、死亡率、防疫费用和蛋鸡生长曲线、疫病发生情况，研究认为不同养殖模式之间的蛋鸡死亡率差距比较大，福利化养殖的鸡蛋品质较高，传统笼养模式具有较高的成本优势。Jones 等（2015）对美国商品蛋鸡养殖模式从鸡舍环境和疾病控制性能方面进行了比较分析，发现商品蛋鸡养殖模式（传统笼养、自由放养、大笼饲养、棚舍平养）大笼饲养模式的鸡蛋产品安全性更高，并认为对于鸡蛋安全性方面的研究需要更深入和广泛。

2.4 养殖模式对养殖效益的影响

2.4.1 叠层笼养和阶梯笼养经济效益比较分析

杨丽丽等（2016）针对叠层笼养与阶梯笼养从成本收益角度进行了经济分析，蛋鸡叠层笼养在土地利用率和劳动效率方面优于阶梯笼养。叠层笼养在粪便处理、疫病防控、死淘率等方面优于阶梯笼养，并计算得出一个饲养周期，叠层笼养可增加收益约 2.3 元。卢元鹏（2018）分析发现与阶梯笼养相比，叠层笼养需要更多的配套设备投入，在管理及蛋鸡营养投喂方面有更高要求，叠层笼养的养殖密度更大，对环境要求苛刻，资金成本更大。也有学者从其他角度将阶梯笼养和叠层笼养进行对比分析发现：鸡舍建筑、通风设备及清粪设备要求高，同时设备投入、使用及维护成本较高（杨朝武，2013；冒留留，2019）。叠层笼养比阶梯式笼养方式在降低料蛋比和鸡蛋生产成本方面具有一定的优势（曲田桂，2011）。王龙（2015）发现叠层笼养因其节约土地面积和劳动力的优点，在工厂化商品蛋鸡养殖中发展速度加快，越来越多被大型蛋鸡养殖企业采用。并将叠层式笼养蛋鸡饲养技术适用于规模化蛋鸡的技术优点总结为以下几个方面：能有效提升单位面积内蛋鸡的数量，减少时间浪费，提升喂养效率，便于饲养人员进行管理、清洁及消毒等工作。阶梯笼养和叠层笼养之间在效率方面存在明显的差异。魏祥法等（2017）认为蛋鸡叠层笼养模式中鸡群密度大，输料和喂料过程不需要人工操作，可以实现全程自动化，降低了劳动强度，提供了劳动生产效率。叠层笼养全封闭、高密度、大规模，对自动化环境控制和日常饲养管理提出更高、更细致的要求,因此对劳动力素质要求较高(徐刚,2011)。李保明(2017)认为叠层笼养技术的推广,提升了蛋鸡养殖效率,为促进家禽养殖业经济效益的提升提供了支撑。

严中成(2019)认为蛋鸡叠层笼养模式是一种科学的饲养模式,可满足鸡群生物习性要求,具备空间利用率高、鸡粪分层清理、鸡舍卫生环境好的优势。采用层叠式蛋鸡笼养模式满足全封闭环境控制,可提高蛋鸡养殖效益。应在蛋鸡养殖业中积极推广层叠式笼养模式,节约土地资源,降低蛋鸡养殖的劳动成本,有效降低蛋鸡疫病发生率,促使蛋鸡养殖业步入高效、高产发展阶段。

2.4.2 养殖模式影响蛋鸡养殖效益的作用机理

影响蛋鸡生产性能的因素是多方面的,蛋鸡品种、养殖环境、饲养管理水平等均是影响蛋鸡生产性能的重要因素,因此,提高蛋鸡的生产性能,获得最佳的蛋鸡养殖经济效益,就需要采取综合有效的措施,选育优良的蛋鸡品种,对蛋鸡群进行科学的饲养管理,给其提供适宜的养殖环境等。通过改变饲养方式可以提升鸡蛋品质(顾荣等,2010)。

不同养殖模式下蛋鸡养殖的环境不同,因而,蛋鸡的生产性能有差异。Sohn 等(2011)比较分析了蛋鸡传统笼养模式和福利笼养模式下蛋鸡生产力和生理反应,认为与传统笼养模式相比,改善福利笼养模式下蛋鸡的存活率、产蛋量、蛋重和体重明显升高,且鸡蛋品质更高。Michel and Huonnic(2003)对比分析了雏鸡在不同养殖模式下福利、健康和生产性能方面的差异。此外,蛋鸡在饲养量达到一定密度,会出现产蛋率下降的趋势,如果继续饲养就会消耗饲料,提高了养蛋鸡成本,从而大大降低了经济效率。因此,在现实饲养过程中,一定要科学饲养和适当淘汰(王春红,2019)。

饲养方式对蛋鸡产蛋性能、行为、羽毛状况等具有一定的影响。Mellor(2011)等提出包含营养、环境、健康、行为和精神状况的动物福利五域模型理论,主要以饲喂条件、养殖设施、健康状况和行为模式作为指标反映动物福利状况。Weeks(2016)针对不同蛋鸡养殖模式,分地区和品种对蛋鸡生产情况进行了分析,重点分析了不同模式下环境控制、温度、气体浓度引起的死亡率对养殖成本和收益的影响。卢元鹏(2018)从内蒙古选取A、B、C 三个养殖规模分别为叠层式 4 万只、叠层式 6 万只和阶梯式 2 万只的蛋鸡养殖场，养殖品种为同一个品种，具体比较了三个养殖场的成本收益和生产效率，发现 A 场的综合生产效率最高，B 场单栋生产效率最高，而 C 场的投资成本最低。饲养密度由笼内或者区域内蛋鸡数量决定，是影响蛋鸡养殖效益的关键因素（王强，2018），欧洲委员会规定蛋鸡的最小空间为 0.45 平方米/只。笼养密度为 0.45~0.55 平方米/只，饲养密度决定了蛋鸡活动空间范围及对环境资源的竞争力度，进而影响蛋鸡外在行为表达和内在生理健康，饲养密度影响蛋鸡生产性能，提高饲养密度有利于降低成本，但是高密度饲养导致过度拥挤使动物易感染各种疾病，并增加饲舍有害气体浓度，降低生产性能（白水莉，2009）。世界保护动物协会（2019）从经济和动物福利的角度，对荷兰、美国、巴西、中国和泰国的集约化养殖和高福利养殖系统进行对比分析，证明高福利养殖比预期经济可行。研究结果显示，从低福利养殖向高福利养殖系统转型，活禽的生产成本仅增加 0.06~0.09 欧元/千克，转型成本仅增加 6.4%~13.4%，远低于美国一项研究预测的 49%。全球消费者对高福利鸡肉的需求在快速增长。消费者愿意支付更高的价格购买高福利产品。从 1976 年美国人 Hughes 首次提出"动物福利"这一概念开始，动物福利的评价范畴就体现在两个方面。

2.4.3 不同养殖模式选择分析

蛋鸡养殖户选用养殖模式受到多种因素的影响，但是生产效率和成本是影响养殖模式选择的重要方面。结合蛋鸡养殖提质增效的需求和方向，不同的学者从成本收益、生产效率的角度对比分析了不同养殖模式的差异。杨宁（2019）和李保明（2006）介绍了福利养殖模式发展现状，并提出福利养殖可以释放饲养动物的潜能，是养殖业转型升级的首选模式。为应对养殖场用工难、用工贵的难题，蛋鸡养殖中小企业引进自动化设备来提高养殖场的生产效益，自动化养殖模式的优点主要体现在减少人工投入、提高成活率、减少饲料浪费、降低能耗（吴曼，2013）。宁中华（2010）系统梳理了我国蛋鸡养殖模式的特点，从优势和不足两个角度具体分析不同养殖规模、不同地区、不同组织形式下养殖模式，蛋鸡笼养模式是养殖规模较大养殖户的主要选择。龙真权等（2017）对比分析了传统笼养模式与标准化饲养方式下罗曼粉蛋鸡的生产性能，认为标准化养殖模式可以充分发挥其生产性能，经济效益优于传统笼养模式。

2.5 农户经营行为分析

不少学者分析了蛋鸡养殖户的养殖行为,而选取的影响因素包括个人特征、家庭特征和养殖方式等。朱一鸣等(2019)分析认为蛋鸡养殖决策者的个人禀赋、对鸡蛋市场风险的认知等是影响蛋鸡养殖户专业化育成鸡选择行为的重要因素。朱一鸣等(2019)对专业化育成鸡选择行为及影响因素进行了研,主要从养殖户个人特征、养殖规模特征及养殖户的主观认知的角度进行了分析。储成兵等(2014)认为不同的饲养模式下蛋鸡的生产效率和生产效益具有一定的差异。赵芙蓉等(2009)通过实验对比观察蛋鸡养殖设备中不同栖架材质和长度对蛋鸡采食、饮水、趴卧、梳羽等舒展行为的影响,发现设置木质、直径为 9 厘米的栖架比地面平养更有利于蛋鸡的行为表达,有利于蛋鸡福利的改善。曹晏飞等(2014)通过实验对比分析了笼养模式和栖架养殖模式下海兰褐鸡鸡蛋品质的差异,不同对照组的鸡蛋蛋黄颜色存在明显差异。曲田桂等(2011)比较了 6 层叠层型蛋鸡笼养模式和 4 层阶梯型笼养模式生产效益方面的差异,从投资成本、生产性能、劳动生产率和收入的各项指标进行了分析,认为叠层型蛋鸡笼养模式提高了整体饲养水平,与阶梯笼养模式相比单只鸡获利多了 0.93 元。蛋鸡养殖模式的福利养殖,栖架养殖目前已经发到 6 层甚至 8 层的叠层散养的福利养殖新模式(李保明,2016)。随着养殖技术水平不断提升,叠层蛋鸡笼养模式越来越被养殖户采用。

2.6 文献述评

学者对畜牧类、种植业类等采用多种方式从不同的角度对技术效率进行了测算,并进行了影响因素分析,取得了丰富的研究成果,采用的研究方法主要有 DEA 方法、随机前沿生产函数法、共同前沿生产函数法、GML 指数方法、SBM 模型等方法。整体来看,主要从不同规模、不同地区和不同时间的角度考察了生产率的变化以及效率改进的具体方向。针对蛋鸡行业也有不少学者进行研究,尝试了多种方法,如共同前沿生产函数法、DEA 方法、随机前沿生产函数法、DEA-Tobit 方法等,具体研究了某一省份或者全国主产区蛋鸡产业的全要素生产率、规模效率及技术效率,从不同养殖规模、不同地区和不同时间维度综合考察了环境技术效率、全要素生产率、技术效率的变化，对于我国蛋鸡养殖产业技术效率呈现波动上升的态势具有一致性结论；从不同规模来看，小规模养殖户技术水平较为稳定，从环境效率角度分析，小规模养殖户的环境效率最高，从不同地区来看，未得到一致性结论。

从影响技术效率的因素分析来看，学者从养殖户个人特征、家庭特征、技术采用、政策支持等角度具体分析了各因素对产业技术效率或者全要素生产率的影响，发现养殖户的性别、年龄、受教育水平、生产规模等对技术效率或者全要素生产率均有显著影响，而不同产业影响有一定的差异性；也有学者将参与合作组织、机械化水平、从业经验、是否经过培训、外部冲击等因素纳入影响技术效率的因素进行了分析。蛋鸡的养殖模式是影响蛋鸡生产性能的重要方面，有很多学者从实验和成本收益的角度对比分析了不同养殖模式下蛋鸡的生产性能，从饲养密度和饲养环境、饲养水平、自动化程度等方面阐述了养殖模式对蛋鸡养殖效率的作用机理。

现有文献针对蛋鸡转型升级提质增效的研究主要着眼于整个产业链的协同推进，重点关注大规模养殖场在技术方面的转型升级；着眼于蛋鸡的大群体小规模这一特征，从中小规模养殖户微观角度考虑如何转型升级提质增效的研究较少，现有文献从技术效率和行业技术前沿等方面为本文的顺利开展提供了借鉴，并为本专著进行养殖模式的具体分析提供了理论依据。但少有学者利用调研数据分析不同的养殖模式和要素配置对蛋鸡养殖效率的影响，本专著利用调研数据和统计数据对此展开分析，这对于蛋鸡产业提质增效与转型升级发展具有现实意义。

第3章 我国蛋鸡产业发展现状、问题与未来展望

我国是世界上最大的鸡蛋生产国和消费国,鸡蛋产量占全世界产量的40%左右(杨宁,2014)。蛋鸡产业发展在满足城乡居民的消费需求、促进农民增收、带动农村劳动力就业和发展农村经济,以及推动相关产业发展等方面均发挥了重要作用。在研究我国蛋鸡产业提质增效与转型升级发展的具体内容之前,有必要对我国蛋鸡养殖产业的发展历程及现状进行系统梳理。本章主要介绍4个方面的研究内容,蛋鸡产业发展历史及现状、蛋鸡产业布局变动情况、存在的主要问题和未来发展趋势。

3.1 产业发展历史及现状

回顾蛋鸡产业发展历程,有助于清晰把握蛋鸡产业发展现状和准确分析蛋鸡产业存在的问题,以及客观地提出促进蛋鸡产业发展的合理化建议。

3.1.1 缓慢发展期(1949—1978年)

1978年以前我国历年鸡蛋产量均未超过400万吨,在1977年达到了这一时期的鸡蛋产量最高点399.5万吨。这一时期鸡蛋产量较低的主要原因是新中国刚成立,百业待兴,粮食产量低且处于计划经济时期,在"以粮为纲"的政策和农业支持工业的发展背景下,蛋鸡养殖属于农民的家庭副业,未得到重视。

(1)发展速度。缓慢发展、平稳增长。总体来看,该时期每年鸡蛋产量总体上呈现出波动增长的趋势,1949—1961年受全国范围自然灾害的影响,我国鸡蛋产量变动率一直处于下降趋势,1962—1968年("三年自然灾害"恢复时期)我国鸡蛋产量缓慢上升,但1968年产量比上年减少了

11.15%；1969—1978 年，我国鸡蛋产量发展比较平稳。

（2）阶段特征。自给自足的家庭散养为主要特征。包括鸡蛋在内的畜禽产品生产仅仅作为农业生产过程中的副业存在，蛋鸡养殖的主体为农民，饲养蛋鸡的主要目的是为了满足自家食品消费需要。

3.1.2 初步发展期（1979—1990 年）

自改革开放以来，我国农产品市场逐步形成，同时在各地政府"菜篮子"工程政策的影响下，我国蛋鸡产业进入初步发展期。

（1）发展速度。这一时期的主要特点是初步发展、平稳增长。以改革开放为契机，随着农产品市场活力的释放，我国鸡蛋产量在这一时期呈现出上涨的趋势（1985 年除外）。1982 年我国鸡蛋产量超过 400 万吨，1984 年超过了 500 万吨，1989 年超过了 600 万吨（图 3-1）。

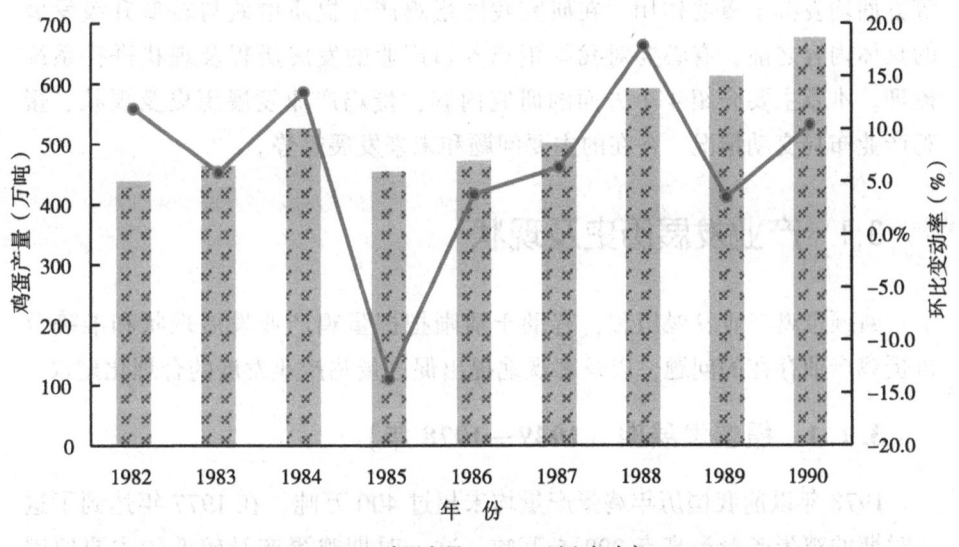

图 3-1　1982—1990 年我国鸡蛋产量变动趋势

数据来源：《中国统计年鉴》，鸡蛋产量按照 85%禽蛋产量进行折算，下同。

（2）阶段特征。形成以国营集体企业为主导的生产格局。这一时期我国形成了国营、集体和农户等 3 个养殖主体的生产格局，尤其是在全国各地兴建了一批国营种鸡场、蛋鸡场，为传播蛋鸡先进技术做出重要贡献。在国营蛋鸡养殖场的带动下，有些地方的农户发现了鸡蛋养殖的致富作用，开始发展小规模蛋鸡养殖，形成了局部的密集养殖带。

3.1.3 快速增长期（1991—2000年）

20世纪90年代，特别是90年代中期以来，我国蛋鸡产业进入了新的发展阶段，国内鸡蛋消费市场已由长期短缺、供不应求转为总量平衡、丰年有余。

（1）发展速度。这10年我国鸡蛋产量快速增长（1997年除外），年均增长速度高达10.9%。1991年、1995年、1999年我国鸡蛋产量分别突破为700万吨、1 400万吨、1 800万吨（图3-2）。1992年我国人均鸡蛋占有量达到8.7千克，首次超过6.6千克的世界人均水平。2000年我国鸡蛋总产量达到1 854.71万吨，占世界总产量的41.9%，稳居世界鸡蛋产量第一位。

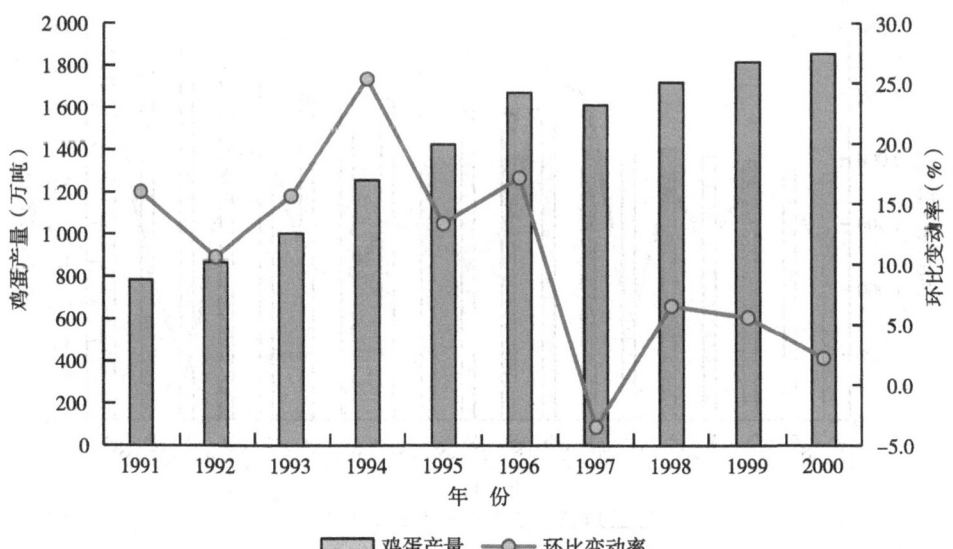

图3-2　1991—2000年我国鸡蛋产量变动趋势

（2）阶段特征。国营集体企业养殖主导地位下降和家庭专业养殖快速发展。各级政府都将发展养殖业作为农业产业结构战略性调整的重点，同时蛋鸡养殖业由于投资相对较少、见效快、投入产出比例高而受广大农民青睐，促使更多的农民进入蛋鸡养殖行业，且养殖规模越来越大，逐渐形成专业养殖户，蛋鸡养殖成为农民提高收入水平的重要途径。

3.1.4 稳步发展期（2001年至今）

在经历了20世纪90年代的快速增长以后，中国蛋鸡产业蓬勃发展，鸡蛋供求矛盾得到缓解，鸡蛋由奢侈品转变为生活必需品（申秋红等，2008），鸡蛋供给量不再呈现快速增长的态势，蛋鸡养殖利润下降，大型国营蛋鸡场及种鸡场纷纷倒闭、转产、退出，我国蛋鸡产业进入稳步发展时期。

（1）发展速度。这一时期禽蛋产量仍呈现出增长的趋势，且增长相对平稳（2006年、2017年除外），年均增长速度为2.24%；但经过近20年的发展，中国鸡蛋产量得到大幅增长，2019年鸡蛋产量比2001年增长49.72%（图3-3）。

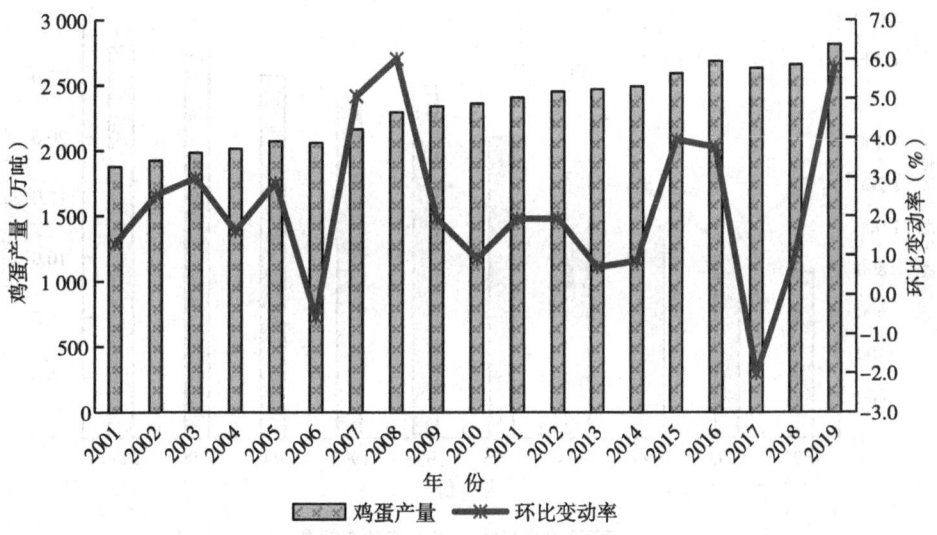

图3-3　2001—2019年鸡蛋产量变动趋势

（2）阶段特征。养殖主体日趋多样化。越来越多的养殖户、私人养殖企业进入蛋鸡产业，专业养殖户和私营养殖企业还未成为鸡蛋生产的主力军，总体看来，非专业化家庭养殖、专业化家庭养殖、专业大户或养殖合作社、工厂化养殖各类养殖主体并存（杨宁等，2014）。中国蛋鸡生产呈现规模化和标准化趋势，2000—2006年，以蛋鸡年存栏500~1 999只和2 000只以上为规模界定标准，我国蛋鸡规模化水平从50.72%提高到59.97%，提高了9.25个百分点；2007—2018年，我国蛋鸡规模化水平从47.81%提高到 76.20%，提高了 28.39 个百分点。①

3.2 我国蛋鸡产业布局情况

3.2.1 主产地区分布

从 1995 年开始，我国蛋鸡生产呈现出集中的态势，越来越向优势蛋鸡主产省份集中。我国蛋鸡养殖场主要分布在华北、华东和东北地区等粮食主产区，目前鸡蛋年产量排在前 5 位的省份分别是山东省、河南省、河北省、辽宁省和江苏省。我国南方产区的鸡蛋产量呈现上升趋势，但仍以北方产区为主，2018 年北方产区的鸡蛋生产总量占到全国鸡蛋总产量的 66.49%。1985—2018 年，我国蛋鸡主产省份相对稳定，主要是山东、河南、河北、辽宁、江苏、湖北、四川、安徽、吉林和黑龙江等省份，但是不同地区各年份的产量略有变化，从我国鸡蛋产量排名前 10 的主产省来看，2000—2018 年这 10 个省份的鸡蛋产量占全国鸡蛋总产量的 70%~80%。

山东、安徽和湖北为代表的地区鸡蛋产量增加较快，河北省和河南省保持在产量较大的基础上平稳增长，发展势头良好，东北地区除吉林省鸡蛋产量增加较快，黑龙江和辽宁省保持平稳增长，而江苏省的鸡蛋产量略微下降。2010—2018 年，多数省份鸡蛋产量增加，吉林省产蛋量增加较快，山东省鸡蛋产量大且增长较快，由 326.6 万吨增长到 379.9 万吨，年均增长 1.5%；安徽省鸡蛋产量增长较快，由 101.2 万吨增长到 134.5 万吨，年均增长速度为 2.89%；湖北省由 112.7 万吨增加到 145.8 万吨，年均增长速度为 2.61%；吉林省鸡蛋产量由 81.3 万吨增加到 99.5 万吨，年均增长速度为 2.1%，河南省鸡蛋产量较为稳定，保持在 350 万吨左右，河北省鸡蛋产量在 2005 年到 2010 年经历了大幅下降之后逐渐反弹，2010—2018 年，由 288.2 万吨恢复增长到 321.3 万吨，年均增长速度为 1.1%。辽宁省鸡蛋产量由 234.4 万吨增加到 252.62 万吨，年均增长速度为 0.75%，四川省由 122.7 万吨增加到 126.5 万吨，年均增长速度为 0.3%；黑龙江省鸡蛋产量由 89.5 万吨增长到 92.2 万吨，年均增长速度为 0.3%；江苏省的鸡蛋产量

---

① 根据《中国畜牧业年鉴》中对蛋鸡规模化养殖场户界定标准，规模养殖场户指年存栏量大于或等于 2 000 只的蛋鸡养殖场户。

出现下降，由 162 万吨降到 151.3 万吨，年均下降 0.68%（图 3-4）。

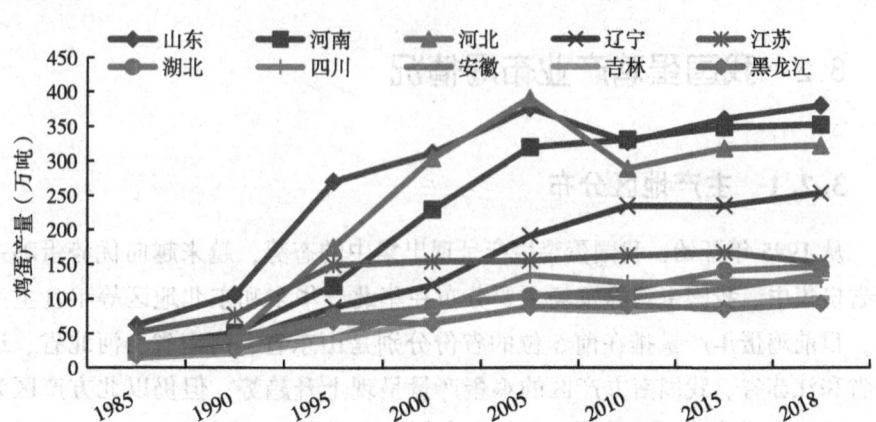

图 3-4 1985—2018 年我国 10 个鸡蛋主产省鸡蛋产量

3.2.2 蛋鸡产业布局变动情况

3.2.2.1 产蛋主产省份由南向北转移

近年来，我国蛋鸡产业布局发生了深刻的变化，1983 年之前，我国产蛋大省主要集中在南方，而从 2008 年开始，北方主产省的产蛋量逐渐上升。从全国鸡蛋产量的位次表看，山东的鸡蛋产量在 1985 年、1990 年、1995 年、2000 年、2015 年、2018 年位于全国第 1 位，山东省始终保持鸡蛋主产省的领先地位；而河南和河北的鸡蛋产量一直位居前 5 位，尤其是 2000 年以后，一直稳居前 3 位；江苏的鸡蛋产量在 1990 年以前一直位于全国第 2 位，1990 年之后逐渐被河北和辽宁超过，地位略微下降；四川、湖北、安徽、黑龙江和吉林的鸡蛋产量相对比较稳定，位居全国第 6~10 位（表 3-1）。位居全国鸡蛋产量第 10 和第 11 位的省份曾有吉林、黑龙江、湖南、北京，其中湖南的鸡蛋产量分别在 1990 年和 2015 年排在全国鸡蛋产量第 10 位，将来有望超过吉林、黑龙江的鸡蛋产量。

3.2.2.2 北方地区是产蛋优势区

比较优势理论说明，生产布局的原则是按照资源禀赋的比较优势进行分工和生产。产业布局的变动受到资源禀赋、交通条件、自然条件、经济格局、发展战略、非农就业机会等综合因素的影响。

表 3-1 1985—2018 年我国鸡蛋主产省份位次表

省份	年份							
	1985	1990	1995	2000	2005	2010	2015	2018
山 东	1	1	1	1	2	2	1	1
河 南	4	3	4	3	3	1	2	2
河 北	5	5	2	2	1	3	3	3
辽 宁	7	7	5	5	4	4	4	4
江 苏	2	2	3	4	5	5	5	5
湖 北	3	4	6	7	8	7	6	6
四 川	6	6	7	8	6	6	7	8
安 徽	8	8	9	6	7	8	8	7
吉 林	11	12	10	9	10	10	9	9
黑龙江	10	9	8	10	9	9	11	10

注：1985 年排名第 9 位的为湖南省，1990 年排名第 10、第 11 位的分别为湖南省和北京市，2015 年排名第 10 位的为湖南省。

为了更清晰说明蛋鸡产业布局变动情况，根据行政划分，将我国区分为北方地区：东北地区、华北地区、西北地区；南方地区：东南地区、华中地区、西南地区。从具体的地区来看，由于北方地区是我国粮食主产区和平原区，适宜蛋鸡养殖，是我国蛋鸡的主产区和优势产区。

北方产区优势依然比较明显：北方产区鸡蛋产量比重由 1985 年的 52.07%增加至 2018 年的 66.49%，尤其是华北地区，比重由 33.42%上升到 43.85%。1995 年以来北方产区鸡蛋产量占我国鸡蛋总产量 40%以上。东北地区的占比（鸡蛋产量占我国鸡蛋总产量的比例）由 1985 年 12.74%增至 2018 年 16.71%，占全国比重逐年扩大，华北地区的占比由 1995 年 33.42%增至 2018 年的 43.85%，占全国比重逐年扩大，西北地区鸡蛋产量占比在全国的占比保持平稳态势。而南方产区鸡蛋占比呈现下降趋势，由 1985 年的 47.93%降至 2018 年的 33.51%，其中东南地区的占比由 1985 年的 20.24%降至 2018 年的 9.47%，占全国的比重呈现降幅不大，华中地区的占比由 1985 年的 18.81%降至 2018 年的 15.41%，占全国的比重呈略微下降趋势，而西南地区的占比由 1985 年的 8.88%降至 2018 年的 8.63%，占全国比重呈现出波动下降趋势（表 3-2）。

表 3-2 1985—2018 年我国鸡蛋生产格局变化　　　　单位:%

地区	1985	1990	1995	2000	2005	2010	2015	2018
北方产区	52.07	56.08	63.75	65.81	67.48	66.50	66.42	66.49
东北地区	12.74	12.72	13.76	13.18	14.82	17.25	16.13	16.71
华北地区	33.42	37.19	44.81	47.92	47.66	44.03	44.50%	43.85
西北地区	5.91	6.17	5.18	4.71	5.00	5.22	5.80	5.92
南方产区	47.93	43.92	36.25	34.19	32.52	33.50	33.58	33.51
东南地区	20.24	19.57	16.69	13.77	10.84	10.92	9.79	9.47
华中地区	18.81	16.26	13.07	13.19	13.11	13.95	15.03	15.41
西南地区	8.88	8.09	6.49	7.23	8.57	8.63	8.75	8.63

注：1. 东北地区包括黑龙江、辽宁、吉林；华北地区包括北京、天津、河北、山西、山东、河南；西北地区包括陕西、甘肃、青海、宁夏、新疆、西藏、内蒙古；东南地区包括上海、江苏、浙江、福建、广东；华中地区包括安徽、江西、湖北、湖南；西南地区包括广西、重庆、四川、贵州、云南、海南。2. 数据来自《中国统计年鉴》，鸡蛋产量按照 85% 禽蛋产量估算。

我国蛋鸡生产布局发生了深刻变化，南方蛋鸡的比重逐渐减少，北方蛋鸡生产逐渐增多，以山东、河北、河南为代表的华北玉米主产地区禽蛋的产量增加较快，由其他地区向饲料原料主产区转移。综合来看，2000 年以后，我国蛋鸡生产布局呈现出由南方地区向北方地区集中的趋势，1985—2018 年北方地区禽蛋产量增速高于南方，东南地区和华中地区在 2000 年前排在东北地区的产量之前，但在 2000 年之后东北地区逐步超过这两个地区，成为我国第二大鸡蛋生产区。西北地区和西南地区一直是我国鸡蛋的调入地区，但西南地区的四川省是我国新兴的鸡蛋主产省份，对西南地区鸡蛋的供给发挥了非常重要的作用。

3.2.3　我国蛋鸡养殖规模特征

3.2.3.1　蛋鸡养殖以小规模家庭养殖为主

在产业规模上，我国蛋鸡养殖长期以小规模家庭养殖为主体，根据《中国畜牧业年鉴》资料显示，2000—2004 年我国蛋鸡养殖主体以年存栏万只以下的中小规模养殖场（户）为主，蛋鸡存栏量占全国蛋鸡总存栏量的85%以上；随后蛋鸡年存栏万只以下的规模化比重逐渐下降，到2018年降至51.40%，年存栏万只以上的规模养殖场（户）比例明显提高，2018年为48.60%，比2000年提高36.11个百分点，其中，年存栏量5万只以上的规模养殖场的比重逐年增加，由2000年2.91%增加至2018年18.5%，年存栏量在10万只以上的大规模养殖场比重逐年增加，由2000年的1.4%上升到2018年的11.2%，年存栏量50万只以上超大规模养殖场的比重也增加较多，由2000年0.21%增加至2018年2.80%，小规模养殖户占比由2000年49.28%降至2018年23.8%，逐年降低（表3-3）。但就整体养殖情况而言，"小规模、大群体"的养殖场仍是我国蛋鸡生产的主力，规模化、标准化进程仍需继续加快推进（杨宁，2018）。

表3-3 2000—2018年我国蛋鸡规模结构比重分布表　　　　单位：%

规模结构	年份									
	2000	2002	2004	2006	2008	2010	2012	2014	2016	2018
年存栏2 000只以下	49.28	47.82	46.90	40.03	43.06	37.10	34.50	31.20	28.40	23.80
年存栏2 000只以上	50.72	52.18	53.10	59.97	56.94	62.90	65.50	68.80	71.60	76.20
年存栏1万只以上	12.49	11.13	13.26	15.86	22.39	27.55	31.90	35.80	40.70	48.60
年存栏5万只以上	2.91	2.47	3.47	3.96	5.34	7.00	9.00	10.80	13.40	18.50
年存栏10万只以上	1.40	1.22	1.47	1.81	2.43	3.20	4.20	5.50	7.50	11.20
年存栏50万只以上	0.21	0.15	0.32	0.43	0.45	0.49	0.70	0.90	1.60	2.80

注：1. 此表比重指不同规模年存栏数占全部存栏数比重。2. 数据来自《中国畜牧业年鉴》。其中，2000—2006年年存栏2 000只以下仅统计500~1 999只的情况，2007年之后统计1~1 999只的情况。

3.2.3.2 蛋鸡养殖规模呈现扩大趋势

从户均养殖蛋鸡的数量情况来看，养殖规模呈现扩大趋势，蛋鸡养殖户的户均饲养量呈现上升趋势，从2010年户均存栏4 178只鸡增长到2018

年的户均存栏8 177只鸡,年均增长速度6.9%。从年度分析来看,蛋鸡养殖的户均存栏2009年到2010年增长较快,增长率达到19.6%,2011—2012年、2014—2015年、2015—2016年这三个阶段,户均存栏数量增长均超过10%,而2013—2014年增长率较低为1.6%(图3-5)。

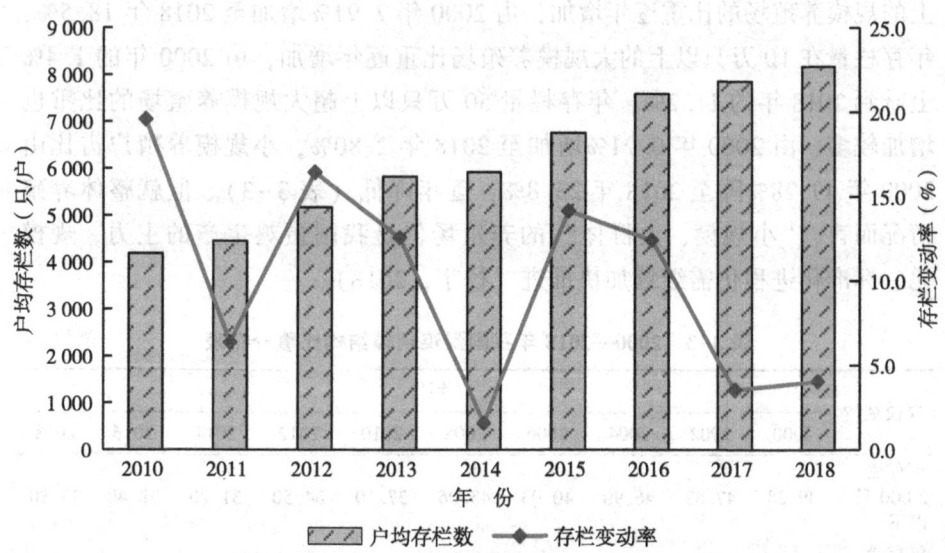

图3-5 2010—2018年我国蛋鸡户均存栏数变化情况
数据来源:根据《中国畜牧业年鉴》整理

3.3 我国蛋鸡产业存在的问题

我国蛋鸡产业得到快速发展,鸡蛋产量持续稳定增长,城乡居民蛋鸡消费得到保障。随着我国城镇化进程加快、养殖环境条件逐渐变化及产业转型升级需要,在发展过程中也暴露出一系列问题。

3.3.1 蛋鸡养殖以小规模为主,抵抗风险能力较弱

我国蛋鸡养殖规模化比重虽然得到一定程度的提升,但中等以上规模比重仍然较低。2018年存栏在5万只以下的蛋鸡养殖场的蛋鸡存栏占行业总存栏的81.5%。因此,蛋鸡养殖主体仍以中小型规模养殖场为主,普遍存在饲养管理不规范、疫病防控不健全、鸡舍建设简陋、鸡舍布局不合理等问题,致使养殖主体抗风险能力较弱。周荣柱等(2016,2018)通过对

8省份1 047个蛋鸡养殖户的调研数据分析,在农户市场风险预判方面,对市场价格预测与实际吻合度在70%以上的农户仅占样本总量的18.53%,市场风险规避能力很弱和较弱的农户占样本总量的79.4%。目前从事蛋鸡养殖的劳动力以中老年为主,对蛋鸡养殖新技术、新知识的吸收采纳能力较弱,缺乏专业的技术和管理人员,总体生产率不高,随着市场和疫病风险对行业影响加剧,小规模养殖户面临的退出风险加大。

3.3.2 蛋鸡生产成本攀升,中小规模蛋鸡养殖利润持续下降

鸡蛋生产成本持续走高:鸡苗成本在养殖成本中占比较少,但是2010—2018年鸡苗成本持续增加,尤其中等规模养殖场鸡苗成本年均增长3.9%。饲料成本在蛋鸡养殖成本中占较大比重,饲料价格上涨挤占养殖户较多利润空间。防疫成本年均增长3.5%左右。总体看,人工成本显著增加,2018年人工成本比2010年约增长10%。成本利润率呈下降趋势,尤其是中小规模养殖户,2010—2018年,中等规模和小规模蛋鸡成本收益率年均下降分别为3.4%、1.6%。大规模养殖户蛋鸡成本收益率年均上升7.7%。设施设备投入成本提高,资金成本加大、用地成本增加、环保成本进一步上升也是蛋鸡养殖扩大规模的限制因素。

3.3.3 蛋鸡疫病防控形势依然严峻

蛋鸡养殖中常见传染病有禽流感、大肠杆菌病、新城疫、沙门氏菌病、传染性支气管炎和支原体病等,由于病毒变异快、来源复杂,疫苗研制滞后,在防疫措施不足的情况下,只要一处发生传染病,将转化成低致病性禽流感,可能会蔓延到周边地区,给养殖户甚至蛋鸡产业发展带来巨大损失。我国蛋鸡养殖疫病防御意识淡薄,防疫体系仍不健全,主要表现在以下方面:一是养殖场缺乏规范化的管理,生产细节不能严格按照规章制度执行,尤其是小规模养殖场往往资金有限,投入少,没有建立专门的防疫制度。二是消毒质量和消毒制度不能保证有效。按照疫病防疫要求,养殖场需严格执行隔离、消毒和防疫措施,达到清洁生产养殖场比例不高。三是用药不规范或者滥用药。用药需严格按照标准执行,养殖户缺乏疫病防控知识,可能会延误时机,或者不科学的用药可导致病原体产生耐药性,严重时会使养殖户在疫病流行期间遭受巨大损失。

3.3.4 鸡蛋品牌化水平不高,深加工水平较低

鸡蛋国内知名品牌少,缺乏国际知名的大龙头品牌,且缺少规范化管理,品牌化程度不高。据调查,全国90%以上的蛋鸡养殖场户没有建立自己的品牌鸡蛋(孙从佼等,2019)。与国外品牌化进行鲜蛋销售的方式相比,我国鸡蛋品牌营销观念滞后,只重视产量而不重视品牌化经营,大部分无品牌鸡蛋在市场无序竞争,产品附加值较低。

蛋鸡消费依然以鲜蛋消费为主。发达国家30%鲜蛋进行深加工,而我国受传统饮食习惯影响,大部分居民的蛋类消费以鲜蛋消费为主,占我国国内禽蛋消费总量的85%以上。我国蛋品深加工比例不足1%,鸡蛋主要进行初级加工,用来制作皮蛋、咸蛋、糟蛋等,产品附加值较低,约占加工蛋制品总量的80%,而液态蛋以及蛋粉等深加工产品所占比重不足20%,蛋品深加工研发、市场开拓和工艺方面与发达国家差距较大。

3.3.5 蛋鸡养殖环境约束增强,对行业影响加大

蛋鸡产业快速发展的同时,也产生了大量的养殖废弃物,养殖污染成为制约蛋鸡发展的重要限制因素。随着《畜禽规模养殖污染防治条例》的深入实施及新修订的《中华人民共和国环境保护法》深入推进,对养殖场建设和污染物处理提出更高要求和更多限制。目前,我国蛋鸡产业粪肥资源还田通道不畅,粪肥的资源化利用水平较低问题仍较突出。大规模养殖场资金雄厚,虽然具备粪污资源化处理和利用的条件,但相关成本增加较多,粪污处理的意愿并不强;部分中小养殖场户由于治污资金和能力有限,投资粪污设备的动力不足,即使是进行了发酵处理,进行发酵后生产的有机肥没有统一标准,市场推广难度大。当前我国蛋鸡养殖规模万只以下比重仍占50%以上,开展粪污治理、资源化利用的比重较低,任务重。对于养殖户来说,粪肥处理成本增加多、收益少、难度大,不具备条件或粪污处理不达标的中小规模养殖场面临被关停甚至淘汰的风险。

3.3.6 国内蛋鸡养殖技术参差不齐

随着大型养殖企业的扩张和行业外的资本进入,我国形成了正大、华都峪口、圣乐迪、德青源、神丹等一批具有国际先进水平的优质蛋鸡养殖和加工厂,在养殖设备、饲养技术、科技水平、管理水平、生产工艺、养

殖规模等方面处于世界领先地位。大型蛋鸡养殖配套设备研发方面也处于世界前沿。但是小规模养殖场数量众多，且以传统笼养模式为主，其中以阶梯笼养为主，占总存栏量80%以上，叠层笼养的比例呈现上升趋势（杨宁，2019）。笼养模式蛋鸡生产方式使用药物较多，存在食品安全隐患，同时，养殖设施较为简陋，养殖技术与大型企业化养殖差距较大。未来一段时间，我国仍然将以粗放的蛋鸡养殖方式为主。

3.4 我国蛋鸡产业未来发展趋势

3.4.1 标准化规模养殖程度不断提高

自2010年开始，农业部推进了畜禽标准化规模养殖，使我国蛋鸡产业的规划建设、技术能力和管理水平有了显著提高。2012年农业部发布实施《全国蛋鸡遗传改良计划》《畜禽规模养殖污染防治条例》，进一步明确了蛋鸡养殖向标准化规模化方向转变；一些中小规模养殖户由于环保政策实施趋紧，或者养殖技术水平及管理能力不足等原因而逐步退出行业；一些企业化管理的大规模养殖场因自身管理水平受市场调节退出行业。一些资金实力较强，或者融资能力较强的养殖场加快投资步伐，大规模养殖场加速投产运营，养殖规模化水平快速提高。随着蛋鸡产业整合速度加快，蛋鸡规模化比重逐年提升。蛋鸡存栏万只以上规模化比重由2000年的12.49%提升到2018年的48.60%，提升了36.11个百分点（孙从佼等，2019）。

3.4.2 适应环保要求，调整生产布局

随着《中华人民共和国环境保护税法》、新版《中华人民共和国水污染防治法》等系列环保文件陆续出台实施，环保政策对蛋鸡养殖约束越来越强。蛋鸡生产布局可能会发生变化，一是适应环保形势变化，养殖主体自觉转变思想观念，认识畜禽养殖污染的危害性和保护生态环境的重要性，积极适应环保政策要求，更加注重蛋鸡废弃物处理和资源化利用问题。二是促进蛋鸡养殖的传统主产区、非主产区格局调整步伐加快，呈现由北向南转移趋势，传统主产区规模化程度提高，养殖总量略下降，而非主产区养殖规模化水平和养殖总量都提高。三是不同养殖规模的蛋鸡养殖主体，

结合自身养殖规模特点，合理采取种养结合循环模式，在有限的投入和粪污处理能力条件下，开展适度蛋鸡规模养殖成为未来发展的主流。

3.4.3 产业升级步伐加快

在政府环保要求和消费者需求升级的背景下，我国蛋鸡加快转型升级步伐。主要表现为以下几个方面：一是蛋鸡产业更加注重绿色生产，各级政府均加强了环保督查力度，新建养殖场实施环境评估等措施，养殖场加快环保设施设备安装更新，加快淘汰不符合环保标准养殖场。二是引导适度规模经营，结合各地区的资源环境要素，考虑劳动力素质、资金水平，从本地区行业层面引导发展适度规模经营。三是强化规模化养殖场蛋鸡技术培训，通过培训提升从业劳动力素质，加强从业人员防疫知识、粪污资源化处理等方面的知识专题培训。四是设备升级改造加快，随着行业发展，产业不断升级，选择合适的新技术、新模式，叠层型笼养模式应用加快，采用自动化养殖设备，提升蛋鸡养殖机械化水平，降低蛋鸡养殖的劳动力投入和强度。

3.4.4 科技支撑蛋鸡养殖产业进一步增强

蛋鸡产业是现代畜牧业重要的组成部分，更加重视科技支撑在促进蛋鸡产业持续健康发展的作用。一是政府实施了"全国蛋鸡遗传改良计划"，将蛋鸡种业作为基础性、战略性产业予以重点支持。二是鸡舍环境监测与调控智能化关键技术得到进一步发展。三是物联网、大数据广泛应用于生产经营和产品服务，有助于蛋鸡生产实现智能化。三是逐步实现从蛋鸡生产的数字化到信息远程检测与网络化发展、再到实现生产过程管理的精细化。四是养殖防疫、移动互联、可追溯管理、大数据、人工智能等技术设备将与蛋鸡行业深度融合，大大提高生产经营效率，实现产业的信息化、智能化升级。

3.4.5 防控措施更加完善

更加重视蛋鸡产业发展过程中的疫病防控工作，一是建立完善疫病防控制度，通过制度化、系统化的疫病防控体系建设，对养殖场防疫工作进行约束与规范，降低疫病给养殖场带来的风险和损失。通过宣传和培训，提升养殖户对疫病预防知识的水平；按照国家疫病防控规定，指导养殖场结合本地流行病情况，完善适宜不同养殖规模的疫病防控操作流程，提升养殖户疫病防控操作水平。二是多元化兽医社会化服务新格局将逐渐形成。2018年，印发《农业农村部办公厅关于做好2018年兽医社会化服务推进工作的通知》从推动兽医社会化服务进入养殖环节、推进动物疫病检测社会化服务能力建设以及健全从养殖到屠宰全链条兽医服务供求模式等三方面加快推进兽医社会化服务发展。多方主体广泛参与养殖环节强制免疫等工作，兽医服务组织呈现出多样化、多元化发展的趋势。

3.5 本章小结

本章研究结合国家宏观数据资料和微观调查数据，系统梳理我国蛋鸡养殖产业发展历程和现状，描述了蛋鸡产业布局变动情况，发掘我国蛋鸡产业发展存在的突出问题，并提出蛋鸡产业未来发展趋势。

第4章 蛋鸡养殖数据库建设和养殖模式评价分析

4.1 蛋鸡养殖数据库建设

4.1.1 养殖模式评价调研

本研究选取具有代表性的蛋鸡养殖主产区省份作为调查对象，数据调查依托科技部重大专项项目，根据当地蛋鸡养殖产业分布选择具有代表性的养殖户，根据 2017 年和 2018 年鸡蛋产量情况（数据来源：2018 年和 2019 年《中国统计年鉴》）选取了鸡蛋产量排名前 10 位中的 5 个蛋鸡养殖大省（山东省、河北省、河南省、安徽省和四川省）作为调查对象。从地域上看，5 个样本省分别位于我国的东部、中部和西部地区，涵盖我国蛋鸡养殖主产区的 19 个县（市）；从分布来看，河南省和安徽省地处平原地区，四川省地处西部山区，山东地处东部沿海，地形以山地丘陵为主，河北省地处华北平原。根据所在省的蛋鸡养殖情况随机选取 1~2 个地级市，每个地级市选取 1~3 个蛋鸡养殖规模较大的县（市）作为调研目的地，然后，随机选取 20~30 个养殖场进行一对一访谈调查，具体调研县市见表 4-1。

养殖模式评价对应调研区域进行数据调查时，采取分层抽样的方式选取调研样本，2019 年 5 月 14 至 17 日在四川省开展预调研，根据实地情况对初次调查问卷进行指标调整和内容扩展；后期调研河南省、安徽省、河北省、山东省分别在 2019 年 6—8 月展开，且在此期间又对四川省进行了二次调研，选取调研省份蛋鸡养殖产业分布具有代表性的养殖户，以问卷调查为主要方式，对农户进行一对一访谈收集相关信息，共收集有效问卷 400 份，删除受环保政策调整 2017 年和 2018 年未进行蛋鸡养殖生产活动的样本 5 个、关键数据缺失样本12个以及以孵化鸡苗或者出售青年鸡为主要业务的样本10个，最终形成有效样本为373个，占样本总数93.25%，样本具有较强的代表性。

4.1.2 规模化养殖与要素配置调研

为研究我国蛋鸡养殖户规模化养殖情况，2018年9月至2019年5月期间，在全国8省（山东省、河北省、辽宁省、江苏省、河南省、湖北省、四川省、陕西省）、20市、35县进行了大规模实际调研，调研中走访了850个蛋鸡养殖场（户），调研内容主要包括：家庭基本信息，养殖情况，生产要素投入，鸡蛋产出及市场情况。宏观数据的统计反映蛋鸡产业发展水平状况，而对于微观主体的调研则更加细致，能够及时反映养殖户养殖状况；且数据部分在2019年完成，代表了2019年上半年蛋鸡养殖户情况，能够为2020年后期蛋鸡产业发展提供决策依据。

调研采取随机抽样方式，在抽样过程中发现受环保规制及鸡蛋价格的影响，尤其是长江以南各省份，蛋鸡弃养现象明显，为保证样本数量，所选县区较多，但总体而言，调研户充分代表当地养殖平均水平。在调研区域进行了规模化养殖和要素配置调研。调研对象选取现存栏量达到2 000只以上的规模养殖户（场），调研共获得问卷850份，有效问卷817份，问卷有效率为96.12%，其中，东部地区411份问卷，中部地区215份，西部地区191份，分别占总调研户数的50.4%、26.3%、23.3%（表4-1）。其中，山东省、河北省、陕西省三省空栏率较高，主要原因在于政策约束。

表4-1 蛋鸡养殖场样本分布情况

调研样本	地区	省份	市	县（区、市）	养殖户（户）	占比（%）
养殖模式评价	西部	四川省	成都、绵阳、乐山	崇州、彭州、江油、安州、峨眉山、金堂、大邑、犍为、夹江	102	27.35
	中部	河南省	新乡、周口	新乡、原阳、鹿邑	84	22.52
	中部	安徽省	阜阳	界首、太和、颍上	83	22.25
	东部	河北省	衡水、保定	冀州、安国	49	13.14
	东部	山东省	烟台、潍坊	龙口、青州	55	14.74
	总计	5	10	20	373	100

(续表)

调研样本	地区	省份	市	县（区、市）	养殖户（户）	占比（%）
规模化养殖与要素配置	东部	山东省	济南、德州	济阳、章丘、宁津、平原	105	12.90
	东部	河北省	石家庄、邯郸	晋州、赵县、馆陶	93	11.40
	东部	辽宁省	朝阳、葫芦岛	北票、南票、喀左、康平、龙城、连山	97	11.90
	东部	江苏省	南通	海安、如东、如皋	116	14.20
	中部	河南省	南阳、信阳	社旗、方城、固始	116	14.20
	中部	湖北省	武汉、仙桃、孝感、黄冈、鄂州	黄陂、仙桃、汉川、浠水、英山、梁子湖	99	12.10
	西部	四川省	成都、德阳、绵阳	金堂、旌阳、罗江、绵竹、中江、安县、涪城	113	13.80
	西部	陕西省	西安、渭南、汉中	鄠邑、澄城县、洋县	78	9.50
	总计	8	20	35	817	100

4.2 养殖模式评价分析

4.2.1 蛋鸡养殖模式基本情况

当前我国蛋鸡养殖从家庭养殖、个体养殖向大规模、自动化养殖方向发展，但是长期以来，我国蛋鸡养殖始终处于较为传统的状态，蛋鸡笼养模式具有成本低、管理和防疫方便等优点，但是同时存在蛋鸡互动空间狭小、翅膀和腿极易骨折等问题。养殖模式的选择受到多种因素的影响，就调研数据来看，阶梯笼养的方式仍然占据主要地位，为282户，占样本总数的79.36%；叠层笼养的样本量为62个，占样本总数的16.62%；也有29个养殖户采用其他模式，占样本总数的4.02%（表4-2）。

表4-2 蛋鸡养殖模式情况

指标类别	具体指标	样本数量	比重（%）
养殖模式	阶梯笼养	282	75.60
	叠层笼养	62	16.62
	其他	29	7.78

数据来源：调研数据整理。

4.2.2 不同养殖模式下家庭特征情况

蛋鸡养殖户负责人年龄普遍偏大。年龄在45岁以下的养殖户样本有212个，占样本总数的58.71%。从不同的养殖模式来看，采用阶梯笼养模式养殖蛋鸡的养殖户，在46~55岁的有128户，占阶梯笼养样本的比重为45.55%，而采用叠层笼养模式的为32户，占比51.61%；在36~45岁的蛋鸡养殖户，采用阶梯笼养的养殖户样本为89个，占阶梯笼养样本的比重为31.67%；还有29个养殖户同时使用两种模式进行蛋鸡养殖，其中年龄在46~55岁的蛋鸡户数为18个，占样本总数的62.07%。由此可以看出，阶梯笼养模式仍然是最主要的养殖模式（表4-3）。

表4-3 不同年龄阶段下的蛋鸡养殖模式情况

指标类别	具体指标	样本数量	比重（%）
阶梯笼养	20~35岁	31	10.99
	36~45岁	89	31.56
	46~55岁	128	45.39
	56岁及以上	34	12.06
叠层笼养	20~35岁	5	8.06
	36~45岁	19	30.65
	46~55岁	32	51.61
	56岁及以上	6	9.68
其他	20~35岁	3	10.34
	36~45岁	7	24.14
	46~55岁	18	62.07
	56岁及以上	1	3.45
合计		373	

数据来源：调研数据整理。

4.2.3 不同养殖模式下的生产经营情况

养殖模式的选择受到多种因素的影响,其中养殖规模、养殖经验是影响蛋鸡养殖模式选择的重要因素。

养殖规模与养殖户的选择行为之间,养殖规模越大,养殖场所所需的投入及运营成本也越大,面临的市场风险与压力也越大,当然其收益和议价能力也随之扩大。从调研数据来看,叠层笼养中饲养规模5万只以上的养殖户样本为16个,占叠层笼养样本的比重为25.81%,而阶梯笼养中饲养规模5万只以上的养殖户样本为9个,占阶梯笼养样本的比重仅为3.19%;从其他模式的样本来看,饲养规模在2万只以上的养殖户样本为16个,占其他模式样本的比重为55.18%。由此可见,养殖规模越大,采用非阶梯笼养模式的概率越高。

养殖经验与养殖模式选择有一定的关联性,选择叠层笼养模式的比例随着养殖年数的增加而呈现下降的趋势,即养殖经验较少的人,往往更倾向于叠层笼养,养殖经验在0~5年的养殖场负责人选择叠层笼养模式的比例最高,为27.42%,而养殖经验为20年以上的选择叠层笼养的比例为12.9%。叠层笼养模式的选择比例随着养殖经验的增加呈现出增加趋势,具有0~5年养殖经验的养殖场负责人有17.02%比例选择了叠层笼养,而具有养殖经验为20年以上的选择阶梯笼养的比例为26.24%。可能的原因在于,早期的蛋鸡养殖模式更多比例是阶梯笼养,养殖场年限较长的负责人在阶梯笼养方面积累了更多的经验,向叠层笼养模式转变需要进行饲舍改造,重新购置叠层笼养设备,需要追加更多的投资及学习新的技术,总体上需要进行较大的改变,投入较高的成本。

4.2.4 不同养殖规模下经营方式与生产指标

为了进一步展示和分析主产区的抽样分布,按照养殖规模大小分为大规模、中规模、小规模,其中大规模蛋鸡养殖户的饲养量为2万只以上,有94个,占样本总数的25.20%;中等规模蛋鸡养殖户饲养量为0.5万~2万只,有162个,占样本总数的43.43%;小规模蛋鸡养殖场饲养量为0.5万只以下,占样本总数的31.37%(表4-4)。

表4-4 不同蛋鸡养殖规模分布

指标类别	具体指标	样本数	占比（%）
蛋鸡养殖规模	5 000只以下	117	31.37
	5 000~10 000只	69	18.50
	10 001~20 000只	93	24.93
	2万只以上	94	25.20

数据来源：调研数据整理。

第5章 养殖模式对蛋鸡养殖技术效率的影响

蛋鸡养殖产业发展迅速，逐渐由分散、小规模养殖转变为集约化、标准化、规模化养殖，重要原因是蛋鸡产业整体的技术进步推动，这对于提高畜禽产量和质量、降低养殖成本等具有重要意义。多数养殖户养殖技术水平不够高，产量过度依赖投入增加，畜禽业生产非有效状态持续时间较长，阻碍我国畜牧业技术效率的进一步提升。蛋鸡养殖产业提质增效的主要途径需要通过降低养殖成本实现，需要提升蛋鸡养殖标准化程度，"小规模、大群体"的产业特征未来一段时间难以根本改变，因此，更要重点关注规模养殖户提质增效、转型升级的具体路径。

蛋鸡笼养模式仍是我国鸡蛋生产的基本模式，且仍将持续较长一段时期。当前蛋鸡产业面临一系列的挑战，尤其是资源、技术、经济和环境等方面的约束，蛋鸡养殖成本（饲料成本、人工成本、固定投资）等不断上涨，防疫能力和环保要求限制蛋鸡产业规模扩大。现实决定了蛋鸡养殖的全要素生产率的提高不能仅依靠生产要素的增加，需要提升蛋鸡养殖产业的技术效率，生产要素配置对提高全要素生产率的作用。在蛋鸡产业不断发展的过程中，传统蛋鸡笼养模式的劣势不断显现出来，本课题适应蛋鸡产业转型升级、提质增效的需要，将客观比较分析不同养殖模式的技术效率，提出相应的政策建议。

5.1 蛋鸡养殖投入产出相关指标

国内外诸多学者对畜禽行业的全要素生产率进行测算，王术坤等（2019）基于2008—2017年我国奶牛养殖的成本收益和DHI测定的数据，测度了我国奶牛养殖的技术效率，认为相对于散养，大规模养殖的技术效率更高。石自忠（2017）借助随机前沿生产函数方法，对河南、黑龙江、宁夏、陕西和新疆等五省（区）肉牛养殖技术效率进行测算，探究影响肉牛养殖技术效率的关键因素。许荣和肖海峰（2019）利用5省452户细毛羊养殖户调研数据，分析规模异质下农牧户兼业化对细毛羊生产技术效率的影响。根据经济学相关原理结合以往学者的研究，本部分选取测算蛋鸡养殖场技术效率的投入产出指标如下。

（1）产出指标。就调研数据来看，选取一个养殖场2018年的收入作为产出指标。养殖场收入主要通过售卖鸡蛋、鸡粪和淘汰鸡。鸡蛋销售收入、淘汰鸡收入、鸡粪收入，综合来看，不同规模养殖场蛋鸡养殖场2018年的平均收入约为132.12万元。

（2）投入指标。该项指标选取了养殖场的固定资产折旧、用工数量、饲料投入费用、运营费用以及养殖场占地面积。其中运营费用包括防疫费用、蛋鸡养殖死亡损失费、电费，养殖场平均运营费用达到4.95万元。从调研情况看，饲料费用成本投入较大，总体看，2018年不同规模养殖场平均饲料采购费用达到102.48万元，养殖场的平均占地面积约为7.5亩，用工数量平均达到2.72个（表5-1）。

表5-1 蛋鸡养殖场投入产出指标

指标类型	指标名称	含义及单位	均值
产出指标	养殖收入	通过售卖鸡粪、淘汰鸡、鸡蛋等获得的收入（万元）	132.12
投入指标	用工人数	自用工人数与雇用工人数之和（个）	2.72
	资产折旧	鸡舍和笼具投资原值按已使用年限和预计使用年限加上维修费用（万元）	1.1
	运营费用	动力费、防疫费用、死亡损失费（万元）	4.95
	鸡苗费用	鸡苗采购费用之和（万元）	3.43
	饲料费用	2018年采购饲料成本（万元）	102.48
	占地面积	养殖场占地面积（亩）	7.5

5.2 影响养殖模式效率的变量选取及基本情况

决策者个人特征、家庭特征及生产规模、生产方式、设备情况等因素均对农业生产效率具有显著的影响。欧春梅等（2019）通过实证分析发现影响新型农业经营主体技术效率的因素主要有农户的受教育程度、技术水平、金融资本等。根据相关文献的研究成果，本部分选取影响蛋鸡养殖效率的主要因素如下：户主个人特征主要包括年龄、性别、婚姻状况、外出务工年限、受教育程度、养殖经验；家庭特征主要包括家庭农业劳动力数量、是否城镇定居、社会资本、养殖收入比重；养殖特征包括示范场、饲料类型、清粪方式、养殖规模、养殖方式、经营主体形式、养殖场产权（表5-2）。

（1）养殖场负责人的个人特征。年龄越大，代表养殖经验越丰富，对养殖模式的选择越科学；受教育程度越高，则接受新知识、新技能等方面的能力越强，其技术效率更高；外出务工年限长有利于积累先进管理理念和学习新知识的能力，有利于技术效率提升，对技术效率有正向影响。

表5-2 影响蛋鸡养殖技术的变量选取及基本情况

变量名称	变量含义	单位	均值
养殖模式	1=阶梯笼养，2=叠层笼养，3=阶梯和叠层笼养	—	1.3
年龄	实际调查年龄（岁）	岁	46.59
性别	男=0，女=1	—	0.11
婚姻状况	1=已婚，0=未婚	—	0.99
受教育程度	0=没上学，1=小学；2=初中；3=高中/中专；4=大专及以上	—	3.18
养殖经验	养殖场负责人养殖蛋鸡的实际年限	年	11.86
外出务工年限	在外打工的年数	年	1.74
劳动力数量	按家庭实际进行蛋鸡养殖劳动力人数计算	个	2.36
是否城镇定居	1=是，0=否	—	0.21
社会资本	家庭亲戚数量	个	5.13
养殖收入比重	蛋鸡养殖收入占家庭收入的比重	%	76.04
示范场	1=是，0=否	—	0.29
饲料类型	0=非全价饲料，1=全价饲料	—	1.72
清粪方式	0=人工，1=机械	—	0.13
养殖规模	蛋鸡养殖数量	万只	1.68
养殖方式	0=全进全出，1=其他	—	0.73
经营主体形式	1=家庭独立经营，2=合伙经营，3=股份合作	—	1.11
养殖场产权	1=自建，0=租用或既有自建又有租用	—	1.06

（2）家庭特征。通过家庭特征反映出家庭收入来源对于蛋鸡养殖产业的依赖程度，反映出养殖户对蛋鸡养殖的依存程度。蛋鸡收入占家庭总收入的比重反映蛋鸡养殖的专业化程度，蛋鸡收入占家庭收入的比重越高，其专业化程度越高，可能更关注与养殖技术相关的投入，对技术效率改善有正向影响，但是家庭经济来源对养殖收入的依赖程度越高，为养殖场带来外部资金的机会越少，可能导致技术效率下降，综合来看专业化程度对技术效率的影响不确定；农业劳动力数量越多，对蛋鸡养殖投入的时间和精力越多，则蛋鸡养殖的生产效率越高；家庭从事蛋鸡养殖的年限，养殖经验与养殖技术效率具有一定的相关性，养殖经验一方面增加业者在技术方面的经验有利于提升技术效率，但另一方面随着经验的增加可能对于新技术的学习和采纳能力下降，导致技术效率较低，因此对技术效率影响方向不确定；家庭成员是否在城镇定居对于吸收外界信息、物资畅通有一定帮助，对技术效率有正向影响；社会资本即家庭亲戚数量对于养殖场在人力、资金、技术方面可能提供必要支持，与技术效率正相关。

（3）养殖特征。本报告选取养殖规模大小、养殖模式、饲养方式以及是否接受过培训、是否是政府认定的示范场、经营主体形式、清粪方式等。养殖规模越大，规模效率越高，更利于资源配置，技术效率越高。采用全进全出的饲养方式在疫病防治方面优于非全进全出的饲养方式，全进全出的饲养方式的生产效率要高于非全进全出；饲养方式全进全出代表规范化养殖的一个指标，与技术效率正相关。叠层笼养的方式要素投入密度大，机械化程度较高，其规模效率高于阶梯笼养和其他养殖模式，叠层养殖模式或者既有叠层又有阶梯养殖模式的养殖场表明养殖场负责人在采用较先进技术方面有主动意识，并具有一定的资金实力，因此，养殖模式采用叠层笼养与技术效率呈正相关关系，将做重点分析。参加养殖培训有利于引导养殖户采用合理技术，提升技术水平，与技术效率正相关。养殖场产权，以家庭经营的方式较为灵活，但是在资金实力和技术方面不如合伙经营及股份经营，因此与非家庭经营方式与技术效率存在正相关关系。采用机械化的清粪方式节省人力，提高生产效率，与技术效率正相关。被政府认定为标准化的示范场则说明该养殖场的养殖规模及养殖管理处于较高水平，与技术效率正相关。

5.3 影响不同养殖模式养殖场技术效率的因素分析

5.3.1 蛋鸡养殖场技术效率分布

利用 stata 12.0 以及随机前沿生产函数方法对蛋鸡养殖投入产出指标进行分析，从表 5-3 中可以看出，所调研的养殖场的技术效率均值为 0.61，说明目前养殖场的技术性效率偏低，仍有较大提高空间。从不同的养殖模式来看，阶梯型笼养模式、叠层型笼养、既有阶梯型又有叠层型笼养的技术效率均值分别为 0.600 5、0.613 2、0.703 6。这表明，叠层型笼养在蛋鸡养殖技术效率上具有一定的优势，并且通过既有阶梯型又有叠层型笼养方式的技术效率可以看出，综合运用两种方式的技术效率更高。但是具体影响技术效率的程度如何，需要进一步探讨。

表 5-3　不同养殖模式下技术效率统计

类型	样本	均值
阶梯型	254	0.600 5
叠层型	56	0.613 2
既有阶梯型又有叠层型	24	0.703 6
合计	334	0.610 0

比较不同养殖规模不同养殖模式下技术效率分布情况，阶梯型笼养模式下养殖规模在 5 000 只以下的效率最高，其次为养殖规模在 10 001~20 000 只，技术效率为 0.609 5，2 万只以上的技术效率最低为 0.583 9；叠层型笼养模式下养殖规模在 10 001~20 000 只的养殖场技术效率最高为 0.656 2，其次为养殖规模在 5 000~10 000 只，养殖规模在 5 000 只以下的养殖场技术效率最低为 0.563 7，远低于其他规模；养殖规模 1 万只以下的养殖场没有采用既有阶梯型又有叠层型笼养，养殖规模在 10 001~20 000 只的养殖场技术效率最高为 0.715 5，2 万只以上规模的养殖场的技术效率为 0.644 4（表 5-4）。

总体来看，不同养殖模式下，10 001~20 000 只的养殖规模的养殖场技术效率较高；而阶梯型笼养模式下 5 000 只以下的养殖规模的养殖场技术效率最高，叠层型笼养模式下 5 000 只以下的养殖规模的养殖场技术效率最低，针对不同的养殖模式或者养殖规模的比较分析，可以看出通过调节养殖规模或养殖模式改善养殖场的技术效率。

表 5-4 不同养殖规模下技术效率统计描述

类型	养殖规模	样本数量	均值
阶梯型	5 000 只以下	39	0.627 1
	5 000~10 000 只	36	0.589 9
	10 001~20 000 只	90	0.609 5
	2 万只以上	89	0.583 9
叠层型	5 000 只以下	8	0.563 7
	5 000~10 000 只	9	0.648 7
	10 001~20 000 只	10	0.656 2
	2 万只以上	29	0.601 0
既有阶梯型又有叠层型	10 001~20 000 只	4	0.715 5
	2 万只以上	20	0.644 4

5.3.2 影响蛋鸡养殖技术效率的关键因素分析

从表 5-5 回归结果 1、回归结果 2 及回归结果 3 均可以看出，养殖模式采用叠层型笼养模式或者既采用阶梯型笼养又采用叠层型笼养模式，技术效率均高于只采用阶梯型笼养模式，采用叠层型笼养或者两种笼养模式均采用对于提升技术效率有正向影响，且均通过了1%的显著性水平检验。可能的原因在于与阶梯型笼养相比：一是蛋鸡生长环境方面更为稳定，巷道通风风速较为一致，饲养密度适宜。二是自动化水平更高。叠层养殖模式在自动化设备应用方面具有一定的便利性，自动上料、自动清粪、自动鸡蛋设备在叠层模式下更能够发挥作用。三是单位成本更低，叠层型养殖模式的劳动强度低于阶梯笼养，降低了单位养殖成本；叠层型笼养由于饲养密度较大，单位产出高，同时可以通过减少劳动力时间和工作强度，提高喂养效率。四是集成技术研发投入更多。叠层养殖模式在工厂化商品蛋鸡养殖中得到广泛应用，其集成技术研发投入较阶梯型较多。

养殖场负责人的性别对技术效率的影响显著，均通过10%的显著性检验，养殖场负责人为男性相比养殖场负责人为女性技术效率更高，原因在于男性养殖户相比女性养殖户更善于广泛交流养殖技术及采用新技术的意愿和实践能力更强，男性负责人养殖经验和决策能力比女性更强。婚姻状况对技术效率的影响为正，通过了5%的显著性检验，说明已婚家庭从事蛋鸡养殖投入的劳动力更加稳定，对养殖场投入的工作时间和精力更充分，有利于技术效率改善。外出务工经历和受教育程度对蛋鸡养殖场技术效率的影响不显著，可能在于外出务工年限、所从事的工作与蛋鸡养殖之间的关联性较低，返乡工作之后开始养殖蛋鸡属于重新创业，蛋鸡养殖对劳动力的从业素质有一定的要求，而外出务工积累的财富及外界信息对于养殖投入有一定的作用，综合看来，影响不显著。年龄对技术效率的影响不显著，也就是说年龄给养殖场技术效率带来的影响并不大。可能的原因是，养殖场的负责人整体来说偏高，调研显示，养殖场负责人平均年龄在46.59岁以上，养殖户经验丰富，整体来说差异不大，对于这些养殖户而言，养殖凭借养殖经验的情况较多。

表5-5 蛋鸡养殖场技术效率的影响因素回归结果

变量名称	回归结果1 系数	回归结果1 T值	回归结果2 系数	回归结果2 T值	回归结果3 系数	回归结果3 T值
养殖模式	0.042 1***	3.73	0.035 4***	3.08	0.034 1***	2.77
性别	-0.050 5**	-2.28	-0.045 4**	-2.05	-0.041 9*	-1.93
年龄	0.000 2	0.21	-0.000 4	-0.45	-0.000 6	-0.67
婚姻	0.118 2	1.64	0.129 7*	1.82	0.159 1**	2.26
受教育程度	-0.006 9	-0.91	-0.007 9	-1.04	-0.004	-0.53
养殖经验	0.000 1	0.11	0.000 3	0.29	-0.000 2	-0.27
外出务工年限	0.000 1	0.06	0.000 1	0.06	0.000 1	0.02
农业劳动力数量			0.005 7	0.82	0.003 9	0.55
是否城镇定居			0.038 7**	2.27	0.051 6***	3.01
社会资本			0.000 7	0.31	0.001 4	0.62
养殖收入比重			-0.041 7*	-1.83	-0.039 3**	-1.74
示范场					0.052 6***	3.36
饲料类型					-0.001 3	-0.09
清粪方式					0.045 6**	2.01
经营主体形式					-0.043 3**	-2.21
养殖规模					-0.000 8**	-1.98
养殖方式					-0.010 9	-0.77

（续表）

变量名称	回归结果1		回归结果2		回归结果3	
	系数	T值	系数	T值	系数	T值
养殖场产权					−0.012 9	−0.47
常数项	0.570 9***	10.92	0.615 7***	9.62	0.645 2***	8.31
R^2	0.057 2		0.083 6		0.158 9	
样本数	334		334		334	

数据来源：作者回归整理而得。注：*、**和***分别表示10%、5%和1%显著性水平检验。由于个别数值缺失，导致样本个数减少。

蛋鸡养殖收入占家庭收入的比重与技术效率呈现负相关性，通过了5%的显著性检验，亦即，在其他条件不变的情况下，蛋鸡养殖收入比重每增加1%，技术效率将下降0.039 3。从样本均值来看，蛋鸡养殖收入占家庭收入的比重较高，专业化养殖程度较高，家庭收入以蛋鸡养殖收入为主，对蛋鸡养殖的依赖程度较多，采购新设备、更新技术的意愿或者能力降低，而蛋鸡养殖产业技术效率提升需要持续不断地进行投入，因此蛋鸡养殖收入比重对技术效率的影响为负。劳动力数量、社会资本与蛋鸡养殖场的技术效率无显著相关关系。是否有家庭成员在城镇定居与养殖场技术效率有显著相关关系，通过了1%的显著性检验，有家庭成员在城镇定居相比无家庭成员在城镇定居技术效率高，家庭成员是否在城镇定居对于养殖场吸收外界信息、物资畅通有一定帮助，对技术效率具有正向影响。

蛋鸡养殖标准化、自动化对于技术效率有正向影响。蛋鸡养殖场是否获得政府部分认定的标准化示范场与养殖场技术效率呈正相关关系，通过1%的显著性检验，获得示范场认定的养殖场技术效率比未获得认定称号的蛋鸡养殖场高出0.052 6。一般情况下，通过政府部门认定的养殖场在养殖设施化（选址和布局、鸡舍设计、设备安装）、生产规范化、防疫制度化、粪污处理方面符合一定的标准和规范程度，养殖过程和管理方式更为科学，因此技术效率水平更高。采用机械清粪方式对技术效率有正向影响，通过了5%的显著性检验，其他条件不变时，机械化清粪方式的养殖场技术效率高于人工方式清粪的养殖场0.045 6，采用人工清粪频率远低于机械化清粪方式，蛋鸡养殖的环境受到一定影响，导致技术效率下降。

养殖规模对技术效率影响为负，通过了5%的显著性水平。其他条件不变的情况下，蛋鸡养殖规模扩大1万只，技术效率下降0.000 8，可能的原因在养殖规模较大的养殖场投入资金较大,对于从业者素质和资金实力要求较高,短期内难以实现规模经济。从经营主体形式来看,与公司化经营和股份合作式经营相比,以家庭为单位独立进行管理的养殖场的技术效率最高,通过了1%的显著性水平检验。蛋鸡养殖场是自建还是通过租用方式获得与蛋鸡养殖场技术效率无显著相关关系。饲料类型和养殖方式与蛋鸡养殖场技术效率也无显著相关关系。

5.4 稳健性检验

为了使研究结果更加稳健,本部分采用 Tobit 模型进行稳健性检验,结果如下:主要变量对因变量影响的显著性水平并没有改变;养殖模式对养殖户技术效率的影响依然为正,且通过1%显著性水平检验;逐步回归结果同样如此,结果表明模型回归结果依然稳健(表5-6)。

表 5-6 Tobit 模型蛋鸡养殖场技术效率的影响因素回归结果

变量名称	回归结果 4		回归结果 5		回归结果 6	
	系数	T 值	系数	T 值	系数	T 值
养殖模式	0.042 1***	3.77	0.035 4***	3.14	0.034 1***	2.85
年龄	-0.050 5**	-2.31	-0.045 4**	-2.09	-0.041 9**	-1.99
性别	0.000 2	0.22	-0.000 4	-0.46	-0.000 6	-0.69
婚姻	0.118 2*	1.66	0.129 7*	1.85	0.159 1**	2.33
受教育程度	-0.006 9	-0.92	-0.007 9	-1.06	-0.004 0	-0.55
养殖经验	0.000 1	0.11	0.000 3	0.3	-0.000 2	-0.28
外出务工年限	0.000 1	0.06	0.000 1	0.07	0.000 0	0.02
劳动力数量			0.005 7	0.83	0.003 9	0.57
是否城镇定居			0.038 7**	2.31	0.051 6**	3.1
社会资本			0.000 7	0.31	0.001 4	0.64
专业化程度			-0.041 7*	-1.87	-0.039 3*	-1.79
示范场					0.052 6***	3.46
饲料类型					-0.001 3	-0.09
清粪方式					0.045 6**	2.07
经营主体形式					-0.043 3**	-2.28
养殖规模					-0.000 8**	-2.04
养殖方式					-0.010 9	-0.79
养殖场产权					-0.012 9	-0.49
常数项	0.570 9	11.06	0.615 7	9.8	0.645 2	8.56

(续表)

变量名称	回归结果4		回归结果5		回归结果6	
	系数	T值	系数	T值	系数	T值
样本量	334		334		334	
Log likelihood	231.720 5		236.462 43		250.790 4	
σ	0.120 9		0.119 2		0.114 2	

数据来源：作者回归整理而得。注：*、** 和 *** 分别表示10%、5%和1%显著性水平检验。

5.5 本章小结

本部分基于调研样本数据进行系统评估和比较，并通过蛋鸡养殖场的投入产出数据测算得出其技术效率，在此基础上进一步分析影响蛋鸡养殖场技术效率的其他关键因素，重点关注养殖模式对技术效率的影响，并具体分析改善蛋鸡养殖场技术效率的可能路径，具体得出如下结论。

从不同养殖模式来看，采用叠层笼养模式的技术效率高于阶梯笼养模式。叠层笼养比阶梯笼养模式的技术效率高0.012 8，而既有阶梯笼养又有叠层笼养模式的养殖场技术效率高于阶梯笼养模式0.103 1。从不同规模来看，养殖规模在10 001～20 000只的养殖场技术效率较高，随着规模进一步扩大，技术效率呈现下降趋势。

养殖模式对蛋鸡养殖技术效率的影响，采用叠层笼养或者两种笼养模式均采用对于提升技术效率有正向影响，可能的原因在于与阶梯笼养相比：蛋鸡生长环境方面更为稳定、自动化程度更高、单位投入成本更低、集成技术利用更便利。

养殖场负责人的个人特征与技术效率有明显相关关系，负责人为男性的养殖技术效率明显高于负责人为女性的养殖场，年龄对技术效率有明显负向影响；养殖场负责人家庭特征中专业化程度对技术效率有明显负向影响，有家属在城镇定居的技术效率明显高于没有家属在城镇定居的养殖场。养殖场为示范场的技术效率显著高于非示范场，采用机械化方式清粪的技术效率显著高于人工方式，以家庭为单位经营的养殖场技术效率显著高于其他组织形式。其他因素如受教育程度和养殖经验与技术效率的影响，结果没有表现出明显相关关系。

第6章 养殖模式对蛋鸡养殖效益的影响

自从20世纪30年代,第一批商品笼养蛋鸡场出现以来,蛋鸡笼养这种方式得到很快普及和推广。与传统庭院养殖相比,笼养模式具有产蛋量高、饲料转换率高、劳动效率高的优点,20世纪90年代蛋鸡笼养模式在我国得到了广泛的推广应用(耿爱莲等,2006)。蛋鸡的养殖模式分为笼养模式和非笼养模式两大类,笼养模式是我国蛋鸡养殖的主要方式。城市化进程加快,导致土地等资源日益紧缺,同时环境保护标准提升,我国正处于蛋鸡产业转型升级阶段的关键时期,迫使蛋鸡养殖必须向高效养殖、高质量养殖与规模集约化方向发展。

伴随城镇化加剧和环保标准提升,传统散养的养殖模式将逐步被市场淘汰,而阶梯型笼养模式和叠层型笼养模式仍是我国蛋鸡养殖最主要的养殖方式;蛋鸡养殖户如何选择不同的养殖模式,这些养殖模式又有哪些差异,养殖模式如何影响蛋鸡养殖户的产出和成本是本章考察的主要问题,将基于373份农户实际调研数据为基础,采用Logit模型就影响蛋鸡养殖户养殖模式的因素进行分析;构建多元回归模型就养殖模式对蛋鸡养殖户养殖收益的影响进行分析。从养殖户生产行为角度分析蛋鸡产业转型升级、提质增效的路径,为制定相关政策提供参考。

6.1 研究方法和数据来源

6.1.1 研究方法

为了更好验证养殖模式和蛋鸡产出之间的关系,本部分采用两步法完成,第一步,哪些因素影响蛋鸡养殖户选择不同的养殖模式,即阶梯型笼养模式和叠层型养殖模式,采用二元选择模型;第二步,分析养殖模式是否对养殖户蛋鸡产出产生影响,即多元回归分析模型。

6.1.1.1 Logit 模型

不少学者广泛使用二元选择模型就农户生产选择行为展开分析,对于采用阶梯型笼养模式还是叠层型笼养模式,是典型的二值选择变量,可以采用 Logit 模型进行分析,在一系列约束条件下,符合利润最大化原则,蛋鸡养殖户进行养殖模式选择,影响蛋鸡养殖户养殖模式选择的主要要素包括自身生产特征、家庭特征和养殖特征等形成的要素,具体如下式(6-1)所示。

$$y_i = X_i \beta + \varepsilon \quad (i = 1, \cdots, n) \tag{6-1}$$

式中,y_i 表示被解释变量;$X_i(i = 1, \cdots, n)$ 为影响蛋鸡养殖户养殖模式选择行为的第 i 个解释变量即蛋鸡养殖户选择阶梯型笼养模式、其他笼养模式,分别赋值 0,1;β 为对应的各自变量的系数向量,ε 为误差项。式(6-1)中 ε_i 服从两点分布,其概率分布如式(6-2)所示。

$$\begin{cases} P(y = 1 \mid x) = F(x, \beta) \\ P(y = 0 \mid x) = 1 - F(x, \beta) \end{cases} \tag{6-2}$$

$F(x, \beta)$ 为连接函数,当 $F(x, \beta)$ 为逻辑函数的累计分布函数,则

$$P(y = 1 \mid x) = F(x, \beta) = \frac{\exp(x'\beta)}{1 + \exp(x'\beta)} \tag{6-3}$$

一般采用最大似然法估算模型的参数值。将被解释变量的参数值 β 进行指数转换之后得到 $\exp(\beta)$,它表示被解释变量的单位变化所引起的解释变量发生比的变化幅度,被称为发生比率。$\exp(\beta)$ 大于 1 意味着被解释变量增加,解释变量发生的概率增加;$\exp(\beta)$ 小于 1 意味着被解释变量增加,解释变量发生的概率减小。

6.1.1.2 多元回归模型

对影响蛋鸡产出的回归模型设定为如式(6-4)所示。

$$y_i = \beta_0 + \beta_1 x_1 + \cdots + \beta_j x_j + \varepsilon \tag{6-4}$$

式中,y_i 为被解释变量,蛋鸡产出(一个饲养周期一只鸡的平均产量),即一个养殖周期,一只蛋鸡平均产蛋量(每只蛋鸡平均产出)。β_j 为各对应自变量的回归系数,β_0 为常数项,x_j 表示影响蛋鸡产出的因素,ε 为随机干扰项。

6.1.2 数据来源

本部分数据来源于 2019 年 5—8 月课题组调研获得,课题组采用随机抽

样的方式，对四川、河南、河北、山东及安徽等5个蛋鸡主产省20个县市400个蛋鸡养殖场（户）进行的一对一问卷调查，经整理，获得有效问卷373份，问卷有效率为93.25%。

6.2 变量设置及统计性描述

6.2.1 变量设置

6.2.1.1 蛋鸡生产决策者个人特征

蛋鸡养殖家庭决策者对蛋鸡养殖模式选择有着决定性的影响，因此，蛋鸡养殖户个人特征尤为重要，包括蛋鸡养殖户户主性别、年龄、受教育程度及外出务工经历。通常情况下，蛋鸡养殖家庭决策者男性居多，男性能更好地掌握和控制生产中的各种情况，更具有开拓精神，对于养殖新技术、新方法的寻求和采用更有主动性，更愿意改善生产条件；决策者的年龄越大，思想越保守，接受新技术的意愿和能力越弱（朱一鸣等，2019）。受教育程度越高，其对新技术的认知能力越强，对先进设备的了解越全面，进而影响其农业生产决策行为（表6-1）。

表6-1 变量设定

变量名称	变量定义	符号	预期影响
被解释变量			
养殖模式	0=叠层型笼养及其他模式；1=阶梯型笼养模式	Y	
鸡蛋产量	一个饲养周期一只鸡的平均产量（千克）		
解释变量			
决策者个人特征			
性别	0=女；1=男	X_1	-
年龄	实际调查年龄（岁）	X_2	-
受教育程度	0=没上学；1=小学；2=初中；3=高中/中专；4=大专及以上	X_3	-
外出务工年限	按实际在外打工的时间计算（年）	X_4	-
社会资本	家庭亲戚数量（个）	X_5	-
养殖场特征			

（续表）

变量名称	变量定义	符号	预期影响
养殖场鸡舍	1=自建；2=租用；3=既有自建又有租用	X_7	+
饲料类型	0=全价饲料；1=非全价饲料	X_8	-
鸡蛋是否有品牌	0=无；1=有	X_9	-
养鸡场（户）是否是示范场	0=否；1=是	X_{10}	
养鸡场经营主体形式	0=其他（企业、合作社）；1=家庭经营	X_{11}	+
养殖户家庭特征			
蛋鸡养殖劳动力人数	按家庭实际从事蛋鸡养殖劳动力人数（人）	X_{12}	
养殖年限	按家庭实际进行蛋鸡养殖年数计算（年）	X_{13}	
是否继续养殖	1=继续；2=不继续；3=不确定	X_{14}	
蛋鸡养殖收入比重	按蛋鸡养殖收入除以家庭收入计算（%）	X_6	

数据来源：根据调研数据整理。注：上述表格展示了影响蛋鸡养殖模式和蛋鸡养殖产出的自变量。

6.2.1.2 家庭特征

蛋鸡养殖投入比重：蛋鸡养殖产业投入较大，受市场影响明显，波动较大，蛋鸡养殖收入占比较高的家庭，对蛋鸡产业收入的依赖程度越高，专业化程度更高，更倾向于改变生产条件，提升养殖技术水平。蛋鸡养殖劳动力人数：阶梯型养殖模式和叠层型养殖模式对劳动力的时间投入和技术水平不同，因此家庭劳动力人口数与蛋鸡养殖模式选择息息相关，家庭农业劳动力较少的养殖户倾向于选择对时间投入要求较少的叠层养殖模式，投入的设备及建筑条件较高，相应的成本较高，因此退出成本较高，相对于阶梯型笼养，更多养殖户倾向于选择叠层型继续养殖蛋鸡。社会资本：社会资本对家庭生产行为的影响是辅助性的，家庭在社会资本方面的差异成为生产条件改善的约束条件（李文龙等，2019），选取亲戚数量作为可观测变量考察社会资本对于蛋鸡养殖户生产行为影响，叠层笼养模式养殖场所需的投入及运营成本较大，亲戚数量越多，养殖户可获得的资源与信息帮助越多，越倾向于选择叠层笼养。

6.2.1.3 养殖场特征

蛋鸡示范场是由上级农业农村主管部门根据一定的标准对符合条件的

标准化、规模化、现代化的养殖场进行的认定，通常颁布一个级别的证书，分为县级示范场、省级示范场及国家级示范场，示范养殖场具备较强的管理能力，更注重科学饲养和标准化的养殖方式，具备严格按照操作规范控制养殖设备的能力，一般认为养殖场示范场认定等级越高，养殖场的现代化水平越高，更倾向于使用叠层饲养模式。品牌对鸡蛋的品质提出更高要求，品质倒逼蛋鸡养殖户来改善蛋鸡饲养条件和环境，提升蛋鸡养殖标准化、规范化水平。蛋鸡养殖年限越长的农户越有可能固化原有的养殖模式，养殖年限的积累可能会固化其思维，难以接受改变，不愿意进行养殖模式的更换。鸡舍建筑成本占蛋鸡养殖生产成本的比重较高，属于固定资产投入，而采用租赁方式使用鸡舍具有灵活性高、短期成本较低等特点。

6.2.1.4 其他变量

经营主体形式是指以家庭经营为主，还是采用现代化的管理方式进行企业化运营。企业化运行更加注重生产效率及成本收益，使用叠层养殖更便于扩大规模获得规模效益，与家庭经营相比，企业更具备资金实力，更有能力承担叠层养殖成本。饲料成本是蛋鸡养殖过程中可变成本的最大投入，全价饲料成本使用蛋鸡养殖场喂养蛋鸡采购成本计算，自配饲料使用原料采购加上配合饲料及加工费核算。对其他成本的计算，蛋鸡养殖需要投入鸡舍和笼具，对鸡舍和笼具采购原值折旧进行折算得出，电费和维修成本也是养殖场运营的重要投入指标，合计计入其他成本。叠层养殖模式和阶梯养殖模式的自动化程度差异加大，阶梯养殖模式需要较多的工时投入，而叠层笼养模式的自动化程度较高，劳动强度较低。

6.2.2 变量统计性描述

6.2.2.1 养殖模式选择情况

调查数据显示，阶梯笼养模式依然是主流模式，有282户，占总样本的75.60%（表6-2），其他养殖模式相对较少，约占24.4%；其他养殖模式主要包括叠层和散养模式，在所收集到的373户调研问卷中，从事散养的蛋鸡养殖户样本为2个。

表 6-2　蛋鸡养殖户模式选择情况

指标类别	具体指标	样本	比重
养殖模式	阶梯笼养	282	75.60%
	其他模式	91	24.40%
	合计	373	100%

数据来源：根据调研数据整理。

6.2.2.2　蛋鸡养殖户家庭决策者的个人基本特征

蛋鸡养殖样本户的养殖决策者多为男性，其中蛋鸡养殖户决策者为男性的样本为 323 个，占总样本量的 89.01%（表 6-3），可能的原因在于男性能更好地掌握和控制生产中的各种情况，同时男性劳动者在社交方面更具有开拓精神；从年龄来看，蛋鸡养殖样本户的决策者平均年龄为 46.4 岁，年龄在 41~60 岁的样本户为 265 个，占总样本的 71.05%，根据世界卫生组织标准，45 岁以上为中年人，中年劳动力成为蛋鸡养殖的主力军；从受教育程度来看，蛋鸡养殖样本户受教育程度在初中以下的样本为 255 个，占样本总量的 68.36%，表明目前从事蛋鸡养殖样本户的受教育水平有限。就从事蛋鸡养殖户的年龄和受教育成本的比重来看，与当前从事农业生产的劳动力的特征基本相符；而从蛋鸡养殖户是否外出务工来看，有外出务工经历的蛋鸡养殖户样本有 72 个。

表 6-3　蛋鸡养殖户家庭决策者的个人基本特征

特征	性别		年龄			受教育程度		
	男	女	20~40 岁	41~60 岁	60 岁以上	初中	高中	大专及以上
样本量	332	41	96	265	12	255	88	30
占比	89.01%	10.99%	25.73%	71.05%	3.22%	68.36%	23.59%	8.05%

数据来源：根据调研数据整理。

6.2.2.3　蛋鸡养殖户的家庭特征

从蛋鸡养殖户的从事蛋鸡养殖劳动力人数来看，家庭农业劳动力人数均值为 2.36 人，家庭成员参与度较高；在调研过程中发现，大多养殖户均为夫妻俩从事蛋鸡养殖，而在捡蛋环节可能会雇用劳动力。从蛋鸡养殖户来年是否继续养殖看，蛋鸡养殖属于劳动密集型生产活动，家庭继续养殖蛋鸡的意愿，是对于目前养殖模式的适应度及工作烦琐程度的反映。有 356

个蛋鸡养殖样本户家庭继续养殖蛋鸡,占总体样本的95.44%。

6.2.2.4 养殖场特征

从蛋鸡养殖场是否为标准示范场来看,被认定为各类蛋鸡养殖示范场的样本有98个,占总样本的26.27%。在调研过程中发现,蛋鸡养殖户对不同级别的示范场标准认识不同,但是总体上是属于政府认定的标准化示范场的比例不高。从鸡蛋是否有品牌来看,拥有鸡蛋有品牌的蛋鸡养殖户样本有16个,占总样本的4.29%,这反映出目前蛋鸡养殖户大多都没有自己的品牌,也间接说明蛋鸡与其他新型经营主体的利益联结机制不够紧密。从养鸡场经营主体形式来看,以家庭为单位的蛋鸡养殖户样本有299个,占总样本的80.16%,可见家庭经营仍然是蛋鸡养殖的主要经济主体,在调研中还发现,标准化企业蛋鸡养殖的样本个数并不多,仅占20%左右。

各种变量的统计性描述见表6-4。

表6-4 变量的统计性描述

变量名称	变量定义	均值	标准差
被解释变量			
养殖模式	0=叠层笼养及其他模式,1=阶梯笼养模式	0.78	0.42
养殖产出	只鸡年度产蛋量(千克)	13.39	2.52
解释变量			
养殖户决策者特征			
性别	0=女,1=男	0.89	0.31
年龄	实际调查年龄(岁)	46.4	8.20
受教育程度	0=没上学,1=小学,2=初中,3=高中/中专,4=大专及以上	3.18	0.92
外出务工经历	外出务工的年限(年)	1.81	4.79
社会资本	家庭亲戚数量(人)	5.86	3.01
蛋鸡养殖收入比重	按蛋鸡养殖收入除以家庭收入计算(%)	0.76	0.33
养殖场鸡舍	1=自建,2=租用,3=既有自建又有租用	1.06	0.27
饲料类型	0=非全价饲料,1=全价饲料	1.72	0.45
鸡蛋是否有品牌	0=无,1=有	0.46	0.21
养鸡场是否是示范场	0=否,1=是	0.29	0.46
养鸡场经营主体形式	0=其他,1=家庭经营	0.91	0.29
养殖户家庭特征			

（续表）

变量名称	变量定义	均值	标准差
蛋鸡养殖劳动力人数	按家庭实际进行蛋鸡养殖劳动力人数计算（人）	2.36	0.96
养殖年限	按家庭实际进行蛋鸡养殖年数计算（年）	11.9	8.08
继续养殖蛋鸡意愿	1=继续，2=不继续，3=不确定	1.06	0.27

6.3 蛋鸡养殖模式选择影响因素及成本收益分析

6.3.1 蛋鸡养殖户养殖模式选择行为的影响因素分析

6.3.1.1 回归过程

蛋鸡养殖是农户收入的主要来源，养殖效益的高低直接影响蛋鸡养殖户的生产积极性，蛋鸡养殖模式的选择行为，不仅受到养殖户个人特征的影响，同时与社会的发展趋势及市场变化、政府行为有一定的关系。根据相关理论研究：养殖规模大小、养殖户的养殖年限、养殖户知识水平等因素都影响养殖户养殖模式的选择。

使用计量经济分析软件 stata 12.0 采用 Logit 模型分析影响蛋鸡养殖户养殖模式选择主要因素，并采用逐步回归方法进行检验；估计结果见表6-5。蛋鸡养殖的家庭决策者性别、养殖年限、蛋鸡养殖收入比重、继续养殖意愿、饲料类型、鸡蛋是否有品牌、养鸡场经营主体形式均通过显著性水平检验，这些变量是影响蛋鸡养殖户养殖模式的重要因素。

表6-5 蛋鸡养殖户养殖模式的影响因素分析

变量名称	回归结果1		回归结果2		回归结果3	
	系数	Z统计量	系数	Z统计量	系数	Z统计量
性别	-0.096 6	0.368 9	-0.134 4**	0.390 0	-0.152 6**	0.396 0
年龄	-0.000 3	0.015 9	-0.003 6	0.018 3	-0.002 5	0.018 5
受教育程度	-0.004 0	0.144 7	-0.012 2	0.145 4	0.009 6	0.144 3
外出务工年限	-0.000 2	0.027 7	0.000 6	0.029 4	0.000 6	0.029 5
农业劳动人口数量			0.002 6	0.144 9	-0.008 5	0.147 6
养殖年限			0.008 3**	0.020 1	0.005 5*	0.020 7

(续表)

变量名称	回归结果1		回归结果2		回归结果3	
	系数	Z统计量	系数	Z统计量	系数	Z统计量
社会资本			0.008 7	0.048 8	0.010 1	0.052 8
蛋鸡养殖收入比重			0.099 9	0.386 2	0.105 7*	0.416 1
继续养殖蛋鸡意愿			0.170 0	0.678 4	0.202 0**	0.649 8
养殖场鸡舍					0.026 8	0.507 9
饲料类型					0.131 1***	0.302 9
养殖场是否是示范场					0.048 8	0.288 7
鸡蛋是否有品牌					0.237 1***	0.553 1
养鸡场经营主体形式					0.162 2**	0.423 4
常数项	2.043 7*	1.108 3	0.973 2	1.281 6	-5.740 6***	2.009 6
样本数	373		373		373	
Prob >chi²	0.670 5		0.125 4		0.000 1	
Pseudo R^2	0.005 7		0.042 5		0.104 6	

数据来源：作者回归整理。注：*、**和***分别表示10%、5%和1%显著性水平检验。

6.3.1.2 养殖模式选择行为的影响因素分析

性别对蛋鸡养殖模式的影响为负，如果蛋鸡养殖户家庭决策者为男性，选择阶梯型笼养模式的概率下降15.26%，间接说明女性决策者倾向于阶梯型笼养模式；养殖年限对蛋鸡养殖模式的影响为正，且通过10%显著性水平检验，养殖年限增加一年，蛋鸡养殖户使用阶梯型笼养模式的概率就增加0.55%，养殖年限可能和蛋鸡养殖户习惯有关系，通常情况下习惯是较难改变的，而且改变养殖模式需要支付较高成本；养殖收入比重对蛋鸡养殖户养殖模式选择的影响为正，且通过10%显著性水平检验；是否继续养殖对蛋鸡养殖户养殖模式选择的影响为正，选择继续养殖的养殖户使用阶梯型笼养模式的概率比退出养殖的农户概率高20.2%；饲料类型对蛋鸡养殖户养殖模式的选择为正，选择全价饲料的蛋鸡养殖户选择阶梯型笼养模式的概率比其他类型饲料高13.11%；鸡蛋是否有品牌对蛋鸡养殖户养殖模式的选择为正，且通过显著性水平检验；鸡蛋有品牌的养殖户更倾向于选择阶梯型养殖模式，其选择的概率比无品牌蛋鸡养殖的概率高23.71%；养殖场经营主体形式对蛋鸡养殖户养殖模式的选择为正，且通过显著性水平检验；养殖场经营主体形式为家庭的蛋鸡养殖户选择的阶梯型笼养模式的概率比其他类型的养殖户高16.22%。同样采用逐项回归方法就影响蛋鸡养殖户养殖模式的主要因素进行分析，结果显示，在不同回归结果中，主要变量的显著性水平基本保持不变；数据结果还显示，其他变量并未通过显著性水平检验，这些变量对蛋鸡养殖户养殖模式的选择并不显著。

6.3.2 养殖模式对蛋鸡养殖户养殖成本收益的影响

6.3.2.1 养殖模式对蛋鸡养殖户养殖产出的影响

数据显示，养殖模式对蛋鸡养殖户养殖产出的影响为负，也就是说阶梯型养殖模式整体低于其他类型养殖模式，只鸡产出低70%左右。蛋鸡养殖户决策者年龄对蛋鸡养殖户产出的影响为负，蛋鸡养殖户年龄越大，其管理水平相对低下，养殖投入低和养殖管理水平不高，在我们调研过程中，遇到年龄较大的养殖户，基本是跟随养殖（其他邻居养殖户干什么，他就干什么），这也就导致蛋鸡养殖户只鸡产出水平低；鸡蛋是否有品牌对蛋鸡养殖户养殖产出的影响为负，拥有自身鸡蛋品牌的养殖户往往追求的是鸡蛋质量，注重鸡蛋产品品质提升；其他平均成本对蛋鸡养殖户养殖产出的影响为正，且通过显著性水平检验，可能的原因是蛋鸡养殖户可以根据自身养殖情况配备饲料，在节约成本的同时，能够促进蛋鸡产出。其他变量并未通过显著性水平检验，具体结果如表6-6所示。

表6-6 养殖模式对养殖产出的影响模型回归结果

变量名称	回归结果1		回归结果2		回归结果3	
	系数	T值	系数	T值	系数	T值
养殖模式	-0.699 3**	-0.292 2	-0.711 2**	-0.297 6	-0.700 8**	-0.303 4
性别	0.507 2	-0.375 7	0.471 1	-0.371 6	0.477 5	-0.372 5
年龄	-0.029 4*	-0.015 6	-0.028 5*	-0.015 8	-0.029 0*	-0.016 1
受教育程度	-0.085 9	-0.138 2	-0.142 2	-0.134 5	-0.144 9	-0.135 8
养殖年限	0.014 6	-0.016 4	0.014	-0.016 4		
饲料类型	0.734 6**	-0.284 5	0.722 5**	-0.284 5		
鸡蛋是否有品牌			-1.471 0**	-0.573 8	-1.490 8**	-0.584 6
养鸡场经营主体形式			-0.066 2	-0.455 1	-0.050 3	-0.458 8
饲料平均成本					0.001 5	-0.002 8
其他平均成本					0.000 3*	-0.000 2

(续表)

变量名称	回归结果1		回归结果2		回归结果3	
	系数	T值	系数	T值	系数	T值
平均工时					-0.000 2	-0.002
常数项	20.537 1***	-1.091 9	22.219 2***	-1.648 1	22.124 1***	-1.673 1
样本数	373		373		373	
R^2	0.029		0.066		0.067	

数据来源：作者回归整理。注：*、**和***分别表示10%、5%和1%显著性水平检验。

6.3.2.2 养殖模式对蛋鸡养殖户成本的影响

将蛋鸡养殖户养殖成本划分为蛋鸡用工成本（蛋鸡单位产出用工成本）、蛋鸡饲料成本（蛋鸡单位产出用工饲料成本）、蛋鸡折旧成本（蛋鸡单位产出折旧成本）①和蛋鸡死亡成本（蛋鸡单位产出均摊死亡成本）和蛋鸡防疫成本（蛋鸡单位产出均摊防疫成本），此部分内容就养殖模式对蛋鸡养殖成本的影响进行分析。结果显示，养殖模式对蛋鸡饲料成本和蛋鸡折旧成本的影响并不显著，养殖模式对蛋鸡用工成本的影响显著，且通过10%的显著性水平检验，也就是说阶梯型笼养模式降低了蛋鸡用工成本。回归结果3、回归结果4和回归结果5分别表示养殖模式对蛋鸡用工成本、蛋鸡饲料成本和蛋鸡折旧成本的影响，具体结果如表6-7所示。

表6-7 养殖模式对蛋鸡用工成本、蛋鸡饲料成本和蛋鸡折旧成本的影响

自变量	蛋鸡用工成本		蛋鸡饲料成本		蛋鸡折旧成本	
	回归结果3		回归结果4		回归结果5	
	系数	T值	系数	T值	系数	T值
养殖模式	14.385 1***	1.980 0	2.923 0	0.500 0	-25.703 1	-1.11
常数项	30.595 8***	4.770 0	106.112 6***	20.710 0	48.656 29***	2.38
样本数	373		373		373	
R^2	0.01		0.01		0.01	

数据来源：作者回归整理。注：*、**和***分别表示10%、5%和1%显著性水平检验。

---

① 一般情况下，农业基础设施类的固定资产折旧率设定为5%。而对于养鸡设备而言，可能牵涉到的固定资产：一是蛋鸡鸡舍等投入；二是养殖笼具投入；三是与此两方面配套的相关基础设施投入，例如小型抽水设备。

回归结果6、回归结果7、回归结果8和回归结果9分别表示养殖模式对2017年蛋鸡死亡成本、2018年蛋鸡死亡成本、2017年蛋鸡防疫成本和2018年蛋鸡防疫成本的影响，具体结果见表6-8。数据显示，养殖模式对蛋鸡防疫成本和蛋鸡死亡成本的影响为负，且通过显著性水平检验，也就是说阶梯型笼养模式更能够降低蛋鸡防疫成本和蛋鸡死亡成本。分别选取蛋鸡死亡成本2017年和蛋鸡死亡成本2018年，选取蛋鸡防疫成本2017年和蛋鸡防疫成本2018年进行对比，均证实上述研究结论，但养殖模式对不同年份蛋鸡防疫成本和蛋鸡死亡成本的系数大小发生改变，养殖模式对蛋鸡死亡成本的影响下降，而对蛋鸡防疫成本的影响增强。

整体来看，受教育程度对蛋鸡死亡成本和蛋鸡防疫成本的影响为正，也就是说受教育程度越高的养殖户户主，蛋鸡死亡成本和蛋鸡防疫成本越高；养鸡场经营主体形式对蛋鸡死亡成本和蛋鸡防疫成本的影响为正，养殖场为家庭经营类型的蛋鸡死亡成本和蛋鸡防疫成本高于其他类型的成本，这可能与养殖场规模有关，家庭经营类型的养殖场规模相对来说较小，规模效益较小。鸡蛋是否有品牌对蛋鸡死亡成本的影响不显著，而对蛋鸡防疫成本的影响显著，有品牌的蛋鸡养殖户的防疫成本更低，有品牌的蛋鸡养殖户管理水平更高。而对于蛋鸡死亡成本而言，根据我们的调研来看，蛋鸡死亡率对于大型养殖场或者小型养殖场而言，其死亡率基本接近，基本控制在3%左右。

表6-8 养殖模式对蛋鸡死亡成本和蛋鸡防疫成本的影响

自变量	回归结果6 蛋鸡死亡成本2017		回归结果7 蛋鸡死亡成本2018		回归结果8 蛋鸡防疫成本2017		回归结果9 蛋鸡防疫成本2018	
	系数	T值	系数	T值	系数	T值	系数	T值
养殖模式	-3.952 3***	-2.700 0	-2.246 3***	-3.400 0	-3.024 2***	-2.600 0	-4.521 7***	-3.490 0
性别	2.909 1	1.530 0	0.163 7	0.190 0	2.610 5	1.730 0	2.011 2	1.190 0
年龄	-0.123 7	-1.560 0	-0.006 3	-0.180 0	-0.062 0	-0.990 0	-0.101 6	-1.450 0
受教育程度	1.342 1**	1.990 0	0.776 3**	2.550 0	1.647 2**	3.080 0	1.546 0***	2.590 0
养殖年限	0.072 8	0.910 0	-0.061 3	-1.700 0	-0.013 3	-0.210 0	-0.027 5	-0.390 0
鸡蛋是否有品牌	-2.997 4	-1.030 0	-1.123 4	-0.860 0	-4.561 6	-1.980 0	-4.277 7*	-1.660 0
养鸡场经营主体	4.100 7**	2.520 0	1.500 8**	2.040 0	4.568 1***	3.540 0	4.972 7***	3.460 0

(续表)

自变量	回归结果6 蛋鸡死亡成本2017		回归结果7 蛋鸡死亡成本2018		回归结果8 蛋鸡防疫成本2017		回归结果9 蛋鸡防疫成本2018	
	系数	T值	系数	T值	系数	T值	系数	T值
常数项	7.305 0	0.910 0	4.165 6	1.150 0	6.299 4	0.990 0	9.811 6	1.390 0
样本数	373		373		373		373	
R^2	0.080		0.095		0.127		0.133	

数据来源：作者回归整理。注：*、** 和 *** 分别表示 10%、5% 和 1% 显著性水平检验。

6.4 模型的稳健性检验

本部分所使用模型稳健性检验主要包括以下几种方式：第一，蛋鸡养殖模式选择，通过 Probit 模型和线性概率模型进行稳健性检验，主要变量的显著性同样没有改变。第二，蛋鸡产出，主要选择 2018 年只鸡产出（千克），替换其他年份数据，蛋鸡产出同样选择 2017 年只鸡产出，主要变量的显著性并没有改变。第三，在对养殖模式选择的影响因素和养殖模式对蛋鸡养殖产出的影响等分别采用了逐步回归的方法，研究结果显示，模型回归结果依然稳健。

6.5 本章小结

本部分利用 Logit 模型和多元回归模型对蛋鸡养殖户的相关生产行为进行分析。研究发现，农户使用阶梯型蛋鸡养殖模式与蛋鸡养殖年限、养殖收入占家庭总收入的比重呈现出正相关关系，与家庭决策者性别为男性呈负相关关系。喂养蛋鸡所使用的饲料类型与阶梯型蛋鸡养殖模式呈现显著的正相关关系，具体结论如下。

（1）从蛋鸡养殖的主要特征来看，阶梯型养殖模式依然是主要的养殖模式，占蛋鸡养殖户总样本的 3/4，其他养殖模式相对较少；从事蛋鸡养殖的养殖户基本为中老年劳动力（夫妻俩居多，偶尔雇用劳动力），受教育水平基本在初中以下，大多具有丰富的养殖经验，养殖平均年限在 11 年左右。

（2）蛋鸡养殖的家庭决策者性别、养殖年限、养殖收入占家庭收入的比重、是否继续养殖蛋鸡、饲料类型、鸡蛋是否有品牌、经营主体类型均通过显著性水平检验。

（3）阶梯型笼养模式降低了蛋鸡产出，但是同时也降低蛋鸡养殖成本，尤其是对蛋鸡防疫成本和蛋鸡死亡成本的影响显著，而叠层养殖模式更能促进蛋鸡养殖户产出，但两者对蛋鸡养殖户成本的影响差异并不明显；较为重要的是阶梯型笼养模式能够显著降低蛋鸡防疫成本和蛋鸡死亡成本。

第7章 农户蛋鸡养殖要素结构与适度规模分析

对于现代农业的适度规模而言,其基本要求就是通过调整生产要素结构实现产业的规模经济,但不同农户由于其要素投入结构的差异,适度规模的实现路径不尽相同。农业生产要素的持续投入是未来支撑农业进一步发展的动力,但随着社会条件的变化,生产要素结构也处在不断变化中,要素投入比例的相对变化及要素深化推动产业转型升级。本部分利用超越对数生产函数,测算要素产出弹性以衡量要素贡献,并根据蛋鸡养殖户规模报酬判断其整体规模是否合理;在利润最大化的假设前提下,测算要素的边际产品价值,判断生产要素投入是否冗余;根据利润最大化及要素贡献测算蛋鸡养殖适度规模,以优化蛋鸡养殖户要素投入结构,促进农户蛋鸡养殖适度规模发展。

7.1 分析框架

生产要素结构包括劳动对象结构、劳动资料结构以及劳动者结构等,还包括各生产要素比重结构,本研究的要素投入结构主要针对各生产要素的比重结构进行分析。优化生产要素的投入结构是转变产业发展方式的主要方式之一,即产业发展由主要依靠物质资源与简单劳动的增长方式向依靠机械及技术进步等生产要素进步转变。要素产出弹性是分析宏观经济发展、产业增长绩效及可持续发展等问题的重要指标,如何在现有的要素投入及生产技术水平下,优化要素投入结构,提高要素产出弹性,促进规模化养殖,是促进产业健康发展的关键。要素产出弹性的计算可以分析各生产要素对鸡蛋产量增长的影响程度,衡量各生产要素对鸡蛋产量增长的贡献。在完全竞争市场条件下,农户都是鸡蛋市场价格的接受者,为获得最大利润，农户会在均衡产量下进行生产，生产规模即为"规模报酬不变"的生产规模。根据此条件可以看出，当各生产要素的产出弹性系数相加和为1时，农户达到均衡产量，即利润最大化条件下的适度规模。由要素产出弹性可计算要素的边际产量，根据边际产量与平均产量之间的关系可以判断短期生产决策中农户的养殖规模是否适度。根据已经计算的要素边际产量，结合要素的市场价格可得要素的边际产出价值，在完全竞争条件下，边际产量价值决定农户对要素投入的需求，同时可判断要素投入是否冗余，指导养殖户调整生产要素投入结构，并在利润最大化假设前提下计算蛋鸡养殖适度规模。

7.2 农户蛋鸡养殖要素产出弹性

要素产出弹性大小可以衡量生产要素对产出的影响。国内学者对畜牧业要素产出弹性的研究多见于20世纪90年代，一般认为饲料投入对畜牧业产出的增长影响最大，在畜牧业经济增长中占主导地位。对于蛋鸡产业要素产出弹性分析与畜牧业研究结果一致，认为鸡蛋产量的增加来源于饲料、机械折旧等的增加。根据以上学者分析，目前各生产要素对蛋鸡产业发展的要素影响不尽相同，饲料对于鸡蛋产量增长影响最大，且由于市场条件变化，农户蛋鸡养殖的要素投入结构也随之改变。本部分将蛋鸡养殖生产要素投入主要分为资金和劳动力投入，将资金投入分为机械投入和饲料投入。

7.2.1 理论模型

任何生产行为都是在一定的社会技术水平条件下进行的，社会技术水平条件在根本上决定了生产要素投入与产出之间的关系。生产函数所要描述的就是在特定技术条件下，要素投入与产品产出之间的关系，一般情况下可以表述为：

$$y = f(x_1, x_2, \cdots, x_n) \tag{7-1}$$

其中，y 表示产出，x_n 表示各类生产要素投入量，$f(\cdot)$ 表示对应法则，即要素投入与产品产出之间的具体关系，常用的生产函数形式主要有 CD 生产函数、CES 生产函数、超越对数生产函数等。如果生产函数具有位似性和可加性，那么，要素份额独立于总投入，且任何两个变量的替代弹性是相同的,传统的 CD 函数及假设要素替代弹性为 1,CES 函数则假设要素替代弹性不变,故不适用于本研究。超越对数生产函数是由 D. W. Jorgenson、L. R. Christensen 和 L. J. Lau 在 1973 年提出的可变替代弹性生产函数,其不再受函数位似性及可加性的影响。超越对数函数的假设前提为任意两种生产要素的替代弹性是不同的,对于分析多要素替代弹性分析有重要作用。假设有 n 种生产要素,那么,超越对数生产函数的基本形式为:

$$\ln y = \ln\alpha_0 + \sum_{i=1}^{n}\alpha_i \ln x_i + \frac{1}{2}\sum_{i=1}^{n}\sum_{j=1}^{n}\beta_{ij}\ln x_i \ln x_j \qquad (7-2)$$

式中,y 为产出,x_i 是要素 i 的投入量,α_i 为对应 $\ln x_i$ 的变量系数,β_{ij} 为对应 $\ln x_i \ln x_j$ 的系数,α_0 为常数项。

那么,对式(7-2)中的 $\ln y$ 求偏导,要素的边际产出为:

$$MP_i = \frac{\partial y}{\partial x_i} = \frac{y}{x_i}(\alpha_i + \sum \beta_{ij}\ln x_j) \qquad (7-3)$$

式中,MP_i 为对应 x_i 的边际产出。

蛋鸡养殖具有自身特性,一般从雏鸡到淘汰鸡为一个完整的养殖周期。参考以往研究和蛋鸡产业特点,选取鸡蛋产量作为因变量,鸡蛋产量指在一个完整养殖周期内的鸡蛋产量(千克);选取机械投入、饲料投入和劳动力投入作为自变量,机械投入指的是蛋鸡养殖当年的机械设备投入金额(元)(折旧)。蛋鸡养殖机械主要包括笼具、饮水设备、喂料设备、集蛋设备、风机、排风扇、降温湿帘、加温设备、刮粪板及传送带。由于数据可得性及计算难度,采用平均年限法进行折旧,以全部机械投入除以使用年限后计入模型。饲料投入指的是上一个完整的养殖周期内,蛋鸡养殖所用饲料数量(千克),饲料价格采用的是上一个完整的养殖周期内,所用饲料的平均价格(元/千克)。为了计算的准确性,采用以下公式进行计算:饲料投入量=(产蛋前天数×产蛋前每只鸡饲料用量+产蛋期×产蛋期每只鸡饲料用量)×上一期蛋鸡养殖量。劳动力投入指的是家庭劳动力加雇工劳动力天数(日),其价格为雇工劳动力价格(元/日)。根据已选取变量,建立如下模型:

$$\ln(Egg) = \alpha_0 + \alpha_1\ln(Equ) + \alpha_2\ln(Fod) + \alpha_3\ln(Lab) + \frac{1}{2}\beta_{11}(\ln Equ)^2 +$$
$$\frac{1}{2}\beta_{22}(\ln Fod)^2 + \frac{1}{2}\beta_{33}(\ln Lab)^2 + \beta_{12}(\ln Equ)(\ln Fod) +$$
$$\beta_{13}(\ln Equ)(\ln Lab) + \beta_{23}(\ln Fod)(\ln Lab) \qquad (7-4)$$

式中，Egg 表示鸡蛋产量；Equ 表示蛋鸡养殖机械投入量；Fod 表示饲料投入总量；Lab 表示劳动力投入量；a_0，a_1，a_2，a_3，β_{11}，β_{22}，β_{33}，β_{12}，β_{13}，β_{23} 分别表示对应变量的系数。

那么，各生产要素产出弹性为：

$$\eta_E = \partial\ln(Egg)/\partial\ln(Equ) = \alpha_1 + \beta_{11}\ln(Equ) + \beta_{12}\ln(Fod) + \beta_{13}\ln(Lab)$$
$$\eta_F = \partial\ln(Egg)/\partial\ln(Fod) = \alpha_2 + \beta_{22}\ln(Fod) + \beta_{12}\ln(Equ) + \beta_{23}\ln(Lab)$$
$$\eta_L = \partial\ln(Egg)/\partial\ln(Lab) = \alpha_3 + \beta_{33}\ln(Lab) + \beta_{13}\ln(Equ) + \beta_{23}\ln(Fod)$$

(7-5)

各要素投入对应的边际产出为：

$$MP_E = Egg/Equ \times \eta_E$$
$$MP_F = Egg/Fod \times \eta_F$$
$$MP_L = Egg/Lab \times \eta_L$$

(7-6)

7.2.2 模型估计结果及分析

根据理论模型，利用 Eview 10.0，超越对数生产函数模型估计结果如表 7-1 所示。模型拟合优度为 0.940 5，拟合优度较好；且 F 检验值为 0，说明解释变量与被解释变量存在显著关系。机械、饲料、劳动投入的系数分别为 0.361 6，0.452 2，-1.120 9，根据系数分别求得机械、饲料及劳动力的产出弹性及规模报酬。

表 7-1 超越对数生产函数模型估计结果

自变量	系数	标准误差
ln（机械投入）	0.361 6**	0.177 7
ln（饲料投入）	0.452 2	0.281 0
ln（劳动力投入）	-1.120 9***	0.311 6
ln（机械投入）平方项	-0.019 8***	0.006 0
ln（饲料投入）平方项	-0.050 8***	0.013 5
ln（劳动力投入）平方项	0.018 2***	0.022 3
ln（机械投入）×ln（饲料投入）	0.072 5	0.014 6
ln（机械投入）×ln（劳动力投入）	-0.133 5***	0.023 1
ln（饲料投入）×ln（劳动力投入）	0.166 7***	0.033 1
常数项	4.885 8***	1.931 3
R^2	0.940 5	
Prob（F 值）	0	

注：*、** 和 *** 分别表示在 10%、5% 和 1% 的置信度水平上显著。

机械投入、饲料投入、劳动力投入三者的产出弹性及规模报酬基本呈现正态分布，全部样本饲料产出弹性为 0.897 8，见表 7-2。与其他要素相比，饲料投入对鸡蛋产出的影响居于主导地位，且养殖规模在 1 万只以上农户的饲料产出弹性比 1 万只以下的农户大，主要原因在于饲料投入与蛋鸡养殖规模呈现正相关关系，养殖规模越大，农户对饲料的依赖越强，饲料对鸡蛋产量的增长影响越大。全部样本机械产出弹性平均值为 0.061 4，说明机械投入对鸡蛋产量影响较小，机械化养殖仍然是制约鸡蛋产量增长的重要因素，发展机械化养殖是提高鸡蛋产量及农户规模养殖水平的有效途径。机械产出弹性与养殖规模基本呈现正相关关系，即养殖规模越大，机械投入对鸡蛋产量增加的作用越大，未来蛋鸡产业将呈现规模化与机械化协调并进的格局。全部样本的劳动力产出弹性为 0.041 4，劳动力投入对鸡蛋产量的增加作用较小，处在 0.5 万~1.0 万只存栏量的养殖户劳动力产出弹性最大，这是由于家庭经营特点决定的，蛋鸡养殖的劳动力一般以家庭成员养殖为主，相对于刚性需求的饲料来说，劳动力对鸡蛋产量增加的影响相对要小。从规模报酬系数来看，全部样本的规模报酬系数为 1.000 6，蛋鸡养殖存在一定程度上的规模报酬递增的情况，并趋近于规模报酬不变，在技术水平不变的条件下，通过扩大规模来提高鸡蛋产量的增长作用有限。养殖规模处在 5 万只以上的养殖户规模报酬最大，养殖规模在 0.2 万~0.5 万只的农户蛋鸡养殖已处于规模报酬递减阶段，未来此部分养殖户将退出蛋鸡养殖。

表 7-2 不同规模养殖户要素产出弹性及规模报酬

养殖规模（S）	机械投入	饲料投入	劳动力投入	规模报酬
0.2 万只<S≤0.5 万只	0.047 6	0.898 6	0.024 2	0.970 3
0.5 万只<S≤1 万只	0.064 8	0.888 1	0.052 8	1.005 7
1 万只<S≤2 万只	0.064 2	0.901 7	0.039 2	1.005 1
2 万只<S≤5 万只	0.065 6	0.911 6	0.043 8	1.021 0
S>5 万只	0.079 0	0.907 8	0.040 7	1.027 6
全部样本	0.061 4	0.897 8	0.041 4	1.000 6

不同区域农户蛋鸡养殖的要素产出弹性系数与规模报酬系数存在一定差异。从机械产出弹性看，目前中部地区养殖户机械产出弹性最小，为 0.045 6，东部地区机械产出弹性最大，为 0.068 2，其中，养殖户平均实际

存栏量最大（25 380只）的江苏省机械产出弹性系数最大，东部地区由于用地约束趋紧，且经济发展水平较高，蛋鸡机械化养殖水平也较高，以江苏省为例，其蛋鸡养殖管理水平、机械化程度均处于全国前列。从饲料产出弹性来看，中部地区饲料产出弹性最大，为0.919 1，其中，湖北省饲料产出弹性最大，为0.935 4，主要原因在于湖北、四川等地区均为我国蛋禽饲料主产省，蛋鸡养殖饲料供应存在地域优势及成本优势；东部地区饲料产出弹性最小，为0.889 8。从劳动力投入产出弹性看，西部地区劳动力投入产出弹性最大，为0.061 7，中部地区劳动力投入产出弹性最小，为0.025 6，其中，湖北省劳动力投入产出弹性为负，在蛋鸡养殖过程中存在劳动力投入冗余的现象（表7-3）。

从规模报酬系数来看，西部地区规模报酬系数略大于1，而东部、中部地区略小于1，其中，山东省蛋鸡养殖基本处于规模报酬不变状态。由此可见，西部地区农户蛋鸡养殖存在规模报酬优势，东部、中部地区则已经进入产业发展成熟期，通过扩大规模来获得产出增长的方式已不再适用，未来东中部农户蛋鸡养殖的重点在于提高生产效率，优化要素组合。

表7-3 不同区域产出弹性与规模报酬

区域	省份	机械投入		饲料投入		劳动力投入		规模报酬	
东部	河北	0.056 1		0.899 3		0.065 1		1.020 5	
	江苏	0.076 5	0.068 2	0.897 2	0.889 8	-0.024 3	0.040 2	0.949 4	0.998 2
	辽宁	0.068 9		0.877 5		0.086 5		1.032 9	
	山东	0.069 1		0.884 6		0.046 8		1.000 5	
中部	河南	0.052 9	0.045 6	0.905 1	0.919 1	0.059 5	0.025 6	1.017 6	0.990 3
	湖北	0.037 1		0.935 4		-0.014 2		0.958 3	
西部	陕西	0.073 8	0.064 6	0.876 3	0.894 1	0.080 4	0.061 7	1.030 5	1.017 3
	四川	0.058 2		0.901 1		0.048 9		1.008 2	

7.2.3 基于要素产出弹性的农户蛋鸡养殖适度规模

前面已通过超越对数生产函数测算出要素产出弹性与规模报酬，那么，要素产出弹性与农户蛋鸡养殖适度规模之间有何联系？如何利用要素产出弹性测算出农户蛋鸡养殖的适度规模？为解决以上问题，参考相关学者（岳苓水，1995；周方，1997）的研究，构造最优生产模型，测算蛋鸡养殖适度规模。"最优生产"即在给定各种社会资源的条件下使产出更多，或者在一定的社会总产品条件下所消耗的社会资源最少。选取综合的经济效益指标作为优化目标，假设生产函数为：$Y = f(x_1, x_2, \cdots, x_n)$，总投入函数为：$g(x_1, x_2, \cdots, x_n)$。

那么，目标函数为：

$$\max S = \frac{f(x_1, x_2, \cdots, x_n)}{g(x_1, x_2, \cdots, x_n)} \tag{7-7}$$

将生产函数代入目标函数为：

$$\max S = \frac{Y}{K + P_1 L + P_2 W} \tag{7-8}$$

其中，K 为固定资产折旧，P_1 为劳动力价格，L 表示劳动力投入，P_2 为饲料价格，W 为饲料投入。

那么，其满足目标函数最大化的一阶条件为：

$$\frac{\partial S}{\partial K} = \frac{\partial S}{\partial L} = \frac{\partial S}{\partial W} = 0 \tag{7-9}$$

分别求 S 对 K、L、W 的偏导数得到：

$$\begin{cases} \dfrac{\partial S}{\partial K} = \dfrac{\dfrac{\partial Y}{\partial K}(K + P_1 L + P_2 W) - Y}{(K + P_1 L + P_2 W)^2} = 0 \\[2mm] \dfrac{\partial S}{\partial L} = \dfrac{\dfrac{\partial Y}{\partial L}(K + P_1 L + P_2 W) - P_1 Y}{(K + P_1 L + P_2 W)^2} = 0 \\[2mm] \dfrac{\partial S}{\partial W} = \dfrac{\dfrac{\partial Y}{\partial W}(K + P_1 L + P_2 W) - P_2 Y}{(K + P_1 L + P_2 W)^2} = 0 \end{cases} \tag{7-10}$$

整理得：

$$Y = \frac{\partial Y}{\partial K}(K + P_1 L + P_2 W) = \frac{\partial Y}{\partial L}\frac{(K + P_1 L + P_2 W)}{P_1} = \frac{\partial Y}{\partial W}\frac{(K + P_1 L + P_2 W)}{P_2} \tag{7-11}$$

将机械、饲料、劳动力产出弹性 $\alpha = (\partial Y/\partial K)(K/Y)$，$\beta = (\partial Y/\partial L)(L/Y)$，$\gamma = (\partial Y/\partial W)(W/Y)$ 代入上式，得到：

$$\alpha = \frac{K}{K + P_1 L + P_2 W}$$

$$\beta = \frac{P_1 L}{K + P_1 L + P_2 W}$$

$$\gamma = \frac{P_2 W}{K + P_1 L + P_2 W} \quad (7-12)$$

从上式可以看出,在最优的生产条件下,要素产出弹性应与要素成本份额相等,规模报酬应处于不变状态。那么,蛋鸡养殖适度规模为:

$$Y^* = S_1 \times \frac{Y}{K}(K + P_1 L + P_2 W) = S_2 \times \frac{Y}{L} \frac{(K + P_1 L + P_2 W)}{P_1} =$$

$$S_3 \times \frac{Y}{W} \frac{(K + P_1 L + P_2 W)}{P_2} \quad (7-13)$$

根据式 (7-13),测算不同规模及不同区域农户蛋鸡养殖适度规模发现,从规模角度来看,全部样本的适度规模值略大于实际养殖规模,养殖户可以在现有要素投入情况下,适当扩大养殖规模,见表7-4;从区域角度看,东部地区适度养殖规模最大,为18 888只,为实际规模的1.13倍;中部地区适度规模为12 019只,为实际规模的1.03倍;西部地区适度规模为14 844只,为实际规模的1.08倍,见表7-5。由此可见,在完全竞争市场条件下,农户蛋鸡养殖适度规模存在进一步拓展的空间。畜禽规模化养殖程度不断提高,农户规模化养殖的意愿不断增强,发展适度规模养殖的农户数量越来越多,规模化蛋鸡养殖逐渐成为产业发展的主流趋势;且从适度规模与实际规模的差异看,散养模式将逐渐被家庭规模化养殖取代,以家庭养殖场为单位的规模化养殖是未来蛋鸡产业发展的主要模式之一。

表7-4 不同规模养殖户适度规模 单位:只

养殖规模 (S)	0.2万只< S≤0.5万只	0.5万只< S≤1万只	1万只< S≤2万只	2万只< S≤5万只	S>5万只	全部样本
实际规模	3 808	8 311	15 900	32 433	74 312	14 688
适度规模	5 267	9 478	14 280	34 251	94 362	16 138

表7-5 不同区域养殖户适度规模 单位:只

	东部	中部	西部
实际规模	16 730	11 621	13 746
适度规模	18 888	12 019	14 844

7.3 农户蛋鸡养殖生产要素的边际产量

从理论上讲，一种可变的生产要素可以决定短期生产函数的最佳产量。边际产量为正时，总产量总是处于增长状态；边际产量为负时，总产量开始下降。同时，由于边际产量边际报酬递减规律，边际产量曲线先上升后下降。由于在可变要素投入量变化过程中，边际产量的变动相对于平均产量变化而言更为敏感，所以边际产量曲线始终比平均产量曲线斜率大。要素的产出弹性指的是当所有其他投入要素保持不变时，一种投入要素的既定百分比变动所引起的产量的百分比变动。即：

$$e_L = \frac{\Delta TP/TP}{\Delta L/L} = \frac{\Delta TP/\Delta L}{TP/L} = \frac{MP}{AP} \tag{7-14}$$

式中，e_L 表示劳动力投入产出弹性，TP 表示总产量，ΔTP 表示总产量变化量，L 表示劳动力投入，ΔL 表示劳动力投入变化量。从上式可以看出，要素产出弹性与生产规模有直接关系：当 $e_L > 1$ 时，即 $MP > AP$ 时，产量增加的速度大于生产要素增加的速度，此时，农户会继续增加生产要素投入以获得最大产量。当 $e_L = 1$，即 $MP = AP$ 时，平均产量达到最高点，边际产量虽呈现下降趋势，但总产量仍处在上升区间。当 $e_L < 1$，即 $MP < AP$ 时，生产要素投入的增加会导致平均产量的下降。当 $e_L = 0$，即 $MP = 0$ 时，农户生产的总产量到达峰值，继续增加生产要素投入导致总产量的下降。当 $e_L < 0$，即 $MP < 0$ 时，此时增加生产要素投入量是负效用，农户生产经营的总产出将随着生产要素投入的增加而减少。在理性小农的假设前提下，只有生产规模处在 BC 区间范围之内，才是合理的决策区间，即平均产量大于等于边际产量时，才是适度规模区间。

根据公式：边际产出＝平均产出×产出弹性，可以得到机械投入的边际产出为 1.67，即机械投入每增加 1 元，鸡蛋产量增加 1.67 千克；饲料投入边际产出为 0.37，即饲料投入每增加 1 千克，鸡蛋产量增加 0.37 千克；劳动力的边际产出为 16.34，即劳动力投入每增加一个工作日，鸡蛋产量增加 16.34 千克（表 7-6）。

从边际产量与平均产量的关系来看，要素投入的平均产量大于边际产量，且边际产出大于 0，因此，养殖规模处在合理的养殖规模范围内，生产者利润最大化的最佳要素投入点在哪一点，要结合其他条件进行分析。

表 7-6 不同规模养殖户边际产量与平均产量

养殖规模（S）	MP_1	MP_2	MP_3	AP_1	AP_2	AP_3
0.2万只<S≤0.5万只	1.75	0.37	3.33	25.79	0.41	114.5
0.5万只<S≤1万只	1.7	0.36	11.48	22.57	0.41	228.65
1万只<S≤2万只	1.57	0.39	15.81	19.07	0.43	419.85
2万只<S≤5万只	1.36	0.37	29.16	18.21	0.41	701.85
S>5万只	2.99	0.38	110.8	21.19	0.42	1 405.25
全部样本	1.67	0.37	16.34	21.74	0.42	355.01

注：MP_1 为机械投入边际产量，MP_2 为饲料投入边际产量，MP_3 为劳动力投入边际产量，AP_1 为机械投入平均产量，AP_2 为饲料投入平均产量，AP_3 为劳动力投入平均产量，下同。

从区域角度来看，各区域生产要素边际产量均大于 0，且均满足 $AP>MP$，各地区养殖户养殖规模均处在合理决策区间范围内。从边际产出来看，东部地区机械投入边际产出最大，主要由于其机械化水平较高。中部地区饲料投入边际产出最大，表示相较于东西部，中部地区饲料投入对鸡蛋产量增长贡献大。西部地区劳动力投入边际产出最大，相较于中、东部，西部地区劳动力投入对鸡蛋产量的增加贡献大（表 7-7）。

表 7-7 不同区域养殖户边际产量及平均产量

区域	省份	MP_1		MP_2		MP_3	
东部	河北	1.90		0.36		17.02	
	江苏	1.30	1.99	0.39	0.37	−10.60	16.97
	辽宁	2.34		0.39		47.87	
	山东	2.51		0.35		18.84	
中部	河南	1.14	0.98	0.36	0.38	14.78	8.46
	湖北	0.80		0.41		1.07	
西部	陕西	2.07	1.76	0.33	0.37	22.45	23.82
	四川	1.55		0.40		24.77	
		AP_1		AP_2		AP_3	
东部	河北	26.21		0.40		257.97	
	江苏	12.91	23.20	0.43	0.42	649.28	406.63
	辽宁	29.94		0.44		397.49	
	山东	25.68		0.39		278.68	

(续表)

		AP_1		AP_2		AP_3	
中部	河南	19.75	18.10	0.40	0.42	237.51	266.76
	湖北	16.17		0.44		301.03	
西部	陕西	23.57	22.71	0.38	0.41	287.68	343.28
	四川	22.11		0.44		381.66	

7.4 农户蛋鸡养殖要素结构调整

一般情况下认为，农户为农业生产最基本的生产单位，其从事农业生产的最终目标就是利润最大化。利润最大化前提为"理性人"假设，该假设由亚当·斯密提出，其主要观点为从事生产活动的单位或者个人均是以利润最大化为前提。农户分散经营状态下，其利润最大化目标的实现主要受到农户资源禀赋及要素市场约束，在特定的技术条件下，农户经营决策是完全理性的，对于生产要素的配置将达到帕累托最优状态。同时，农户在从事农业生产活动的同时，面临着市场、政策等一系列风险。因此，农户所追求的利益最大化是有条件的最大化。发展规模化养殖不仅是养殖户对利润最大化的追求过程，更是对养殖适度规模的探索过程。基于以上分析，考虑理性经济人假设并结合利润最大化理论，探究在利润最大时农户要素结构调整以及适度规模的确定。

为比较不同生产规模区间下农户的各要素投入是否有效，分析生产要素投入是否过量，需要建立利润函数，并对生产要素的边际产出价值与要素市场价格进行比较分析。

农户生产经营的利润最大化问题为：$\max[pf(x_1, x_2\cdots, x_i) - w_i x_i]$，在利润最大化点，等利润线的斜率等于生产函数的斜率，$MP_1 = w_i/p$，即 $MP_i \cdot p = w_i$，$VMP_i = MP_i \cdot p$ 为要素边际产品价值，当 $VMP_i > w_i$ 时，认为要素投入是有效率的，应继续增加该投入；反之，则认为该生产要素投入是没有效率的，应减少该要素投入。

假定农户蛋鸡养殖利润最大化函数为：

$$\max\Pi = \max[p_1 \cdot f(x_1, x_2, x_3) + p_2 \cdot f(x_1, x_2, x_3)/\bar{y} - w_1 x_1 - w_2 x_2 - w_3 x_3] \quad (7-15)$$

化简得：

$$\max\Pi = \max\left[(p_1 + p_2/\bar{y}) \cdot f(x_1, x_2, x_3) - w_1 x_1 - w_2 x_2 - w_3 x_3\right]$$

(7-16)

其中，Π 表示养殖户利润，p_1 为鸡蛋价格，$f(x_1, x_2, x_3)$ 为鸡蛋产量，p_2 为淘汰鸡价格，$\bar{y}$ 为单只蛋鸡产蛋量，x_1 为养殖户机械投入，w_1 为折旧率（平均年限法计算），x_2 为养殖户饲料投入，w_2 为饲料价格，x_3 为养殖户劳动力投入，w_3 为劳动力价格。那么，VMP_1 为机械投入边际产出价值，VMP_2 为饲料投入边际产出价值，VMP_3 为劳动力投入边际产出价值 P_1 为机械价格，此处用生产每千克鸡蛋的机械折旧额表示，P_2 为饲料价格，P_3 为劳动力价格。

根据表 7-8 的结果看，在利润最大化条件下，总体上养殖户机械投入是有效率的，蛋鸡养殖户应增加机械投入。随着国内蛋鸡养殖设备的发展，养殖户的传统人工养殖模式受到冲击，其思想随之改变，更愿意接受机械化养殖。但由于蛋鸡养殖设备的专用性较强，且需要大量资金投入，小规模蛋鸡养殖户受资金禀赋约束，购置全自动养殖设备的行为受限；但从长期来看，随着养殖规模的扩大，机械化养殖可降低平均成本，使养殖户获得超额利润。目前，规模化蛋鸡养殖户以半机械化养殖为主，呈现出机械和劳动相互结合的模式，喂料、饮水设备的发展已替代人工，而捡蛋、清粪等环节仍依赖人工。

除存栏量 1 万只以下养殖户应适当减少劳动力投入，其余养殖户可适当增加饲料投入与劳动力投入，这也就意味着存栏量在 1 万只以下的养殖户未来要适应产业发展趋势，或在现有基础上发展机械化养殖，或在现有基础上扩大生产规模。

表 7-8 不同规模养殖户要素边际产出价值与生产要素价格

养殖规模（S）	VMP_1	VMP_2	VMP_3	w_1	w_2	w_3
0.2 万只＜S≤0.5 万只	11.31	3.27	29.92	0.17	2.38	96.37
0.5 万只＜S≤1 万只	14.37	3.18	100.05	0.15	2.37	101.01
1 万只＜S≤2 万只	12.81	3.46	136.94	0.16	2.40	107.93
2 万只＜S≤5 万只	12.25	3.39	253.77	0.20	2.37	122.40

（续表）

养殖规模（S）	VMP_1	VMP_2	VMP_3	w_1	w_2	w_3
$S>5$ 万只	11.84	3.31	878.60	0.16	2.34	186.00
合计	12.92	3.30	138.74	0.16	2.38	107.38

从不同区域角度来看，东、中、西部地区农户蛋鸡养殖 $VMP_1 > w_1$，各省份要素投入均是有效率的，机械投入的增加可显著提高鸡蛋产量与生产效率，根据相关学者的分析，我国蛋鸡养殖机械化水平（包括半机械化养殖）已达到80%（周地清，2016），但仍存在自动化程度低、资金投入不足等问题，农户应增加蛋鸡养殖机械投入，机械化是农户提高养殖收益的要求，也是提升蛋鸡效率的最佳途径；东部、中部、西部地区农户蛋鸡养殖 $VMP_2 > w_2$，饲料投入均是有效率的，但二者之间的差距较小，各地区在现有饲料投入基础上，适当增加饲料投入，即可在现有条件下适当延长养殖天数，实际调研过程中发现，农户蛋鸡养殖天数处于300~500天，最长养殖天数可达700天，从分析结果可以看出，在鸡蛋价格稳定的情况下，农户可适当增加养殖天数，当鸡蛋价格下降时，农户可根据鸡蛋市场价格变化调整养殖天数；东部、西部地区农户蛋鸡养殖 $VMP_3 > w_3$，应适当增加劳动力投入，劳动力投入的增加主要考虑由于养殖规模的扩大引起对劳动力需求的增加，而中部地区农户蛋鸡养殖 $VMP_3 < w_3$，应适当减少劳动力投入，见表7-9。

表7-9 不同区域养殖户要素边际产出价值与生产要素价格

		VMP_1		VMP_2		VMP_3	
东部	河北	13.42	14.47	3.06	3.25	153.59	137.47
	江苏	10.82		3.47		-104.30	
	辽宁	18.19		3.36		390.77	
	山东	16.04		3.09		158.71	
中部	河南	9.66	8.36	3.07	3.33	124.80	70.76
	湖北	6.83		3.63		7.43	
西部	陕西	17.18	14.74	3.03	3.37	209.26	218.00
	四川	13.05		3.61		224.03	

（续表）

		w_1		w_2		w_3	
东部	河北	0.16	0.17	2.27	2.36	99.28	112.44
	江苏	0.18		2.48		108.95	
	辽宁	0.20		2.26		84.79	
	山东	0.13		2.40		153.49	
中部	河南	0.15	0.16	2.37	2.33	108.97	101.59
	湖北	0.17		2.28		92.95	
西部	陕西	0.14	0.16	2.35	2.47	131.17	103.01
	四川	0.18		2.56		83.58	

在考虑了利润最大化前提下，不仅可判断农户蛋鸡养殖的投入要素的效率，还可根据利润函数测算蛋鸡养殖的适度规模。

假设农户蛋鸡养殖的利润函数为：

$$\prod(scale) = TR(scale) - TC(scale) \quad (7-17)$$

即在边际收益＝边际成本时的养殖规模为农户利润最大时的养殖规模，在完全竞争市场条件下，边际收益＝鸡蛋价格×单只蛋鸡单产+淘汰鸡收入，边际成本主要考虑总成本与养殖规模之间的关系，成本函数通常以一元二次函数的形式表现，即：

$$C = \alpha_0 + \alpha_1 \cdot Scale + \alpha_2 \cdot (Scale)^2 \quad (7-18)$$

利用 Eviews 10.0 计算，结果见表 7-10。

表 7-10 成本函数模型估计结果

变量	系数	标准误差
养殖规模（平方项）	0.001 0 ***	0.000 1
养殖规模	45.723 4 ***	6.089 6
常数项	435 505.90 ***	47 766.15

全部样本的边际收益为 158.71 元/只，蛋鸡养殖的适度规模为 59 093 只，约为实际养殖规模（14 688 只）的 4 倍，说明在利润最大化前提下，农户蛋鸡养殖规模仍有较大扩展空间。农户以利益最大化为生产经营目标的养殖规模扩大行为要受自身要素禀赋和外部条件（如环保政策约束、禁养

限养区域划分等）的制约，内外部要素禀赋及条件的约束决定了农户实现利润最大化的方式，在利润最大化条件下测算的农户蛋鸡养殖适度规模是农户突破要素禀赋约束所能达到的最大养殖规模。

7.5 本章小结

本章运用经济学理论，测算蛋鸡养殖户的边际效益，并测算蛋鸡养殖户的适度规模。研究结果显示，现有蛋鸡养殖户的养殖规模偏小，从规模上来看，依然有较大的提升空间；从整个投入结构来看，蛋鸡饲料投入发挥的作用更加明显，而人工和机械对蛋鸡养殖产量的作用相对较小，如何进一步提高人工和机械的生产率可能是蛋鸡养殖的关键。

7.5 本题小结

第8章 我国蛋鸡养殖生产效率比较分析

技术效率提升是蛋鸡养殖劳动生产率改善、优化资源配置的重要体现,张振等(2012)采取多阶段DEA方法及DEA-Malmquist生产率指数方法相结合的方法分析了中国生猪优势产区规模猪场的生产效率;张菲等(2013)采用DEA-Malmquist生产率指数法分别从全国层面和省份层面对比分析了奶牛养殖模式(散养、小规模、中规模和大规模)与原料奶生产全要素生产率(TFP)的关系;在蛋鸡生产效率的研究方面,赵一夫等(2015)采用DEA-Tobit两步法对中国蛋鸡养殖的规模效率进行测算评价;在畜禽养殖方面,朱宁等(2015,2016,2017)分别从蛋鸡养殖投入产出以及蛋鸡粪便处理的角度,采用SBM模型和Malmquist-Luengerber生产率指数相结合的方法对比分析了不同规模蛋鸡养殖场的环境效率与环境全要素生产率。可以看出,目前大多数学者对于畜禽养殖业的研究主要集中于养殖效率与生产效率等的研究。上述研究提供了有益借鉴,也存在着不足。首先,大多数是从总体角度进行相关分析,但对于蛋鸡行业的分析很少;其次,多数学者对畜禽养殖业生产率进行的研究仅限于对全要素生产率进行测度,并没有进一步考虑地区间全要素生产率的差异;最后,已有文献的研究所用数据大多为调研数据,多数仅有一年数据,无法整体描述全要素生产率随时间的变化趋势。

鉴于此,本部分借助历年《全国农产品成本收益资料汇编》,运用2004—2016年蛋鸡养殖场的投入和产出数据,采用SBM-Malmquist生产率指数方法,测度我国不同规模大小的蛋鸡养殖场的全要素生产率,并从时间、地区两个维度对蛋鸡养殖场的全要素生产率进行分析,将其分解为技术进步指数、效率改进指数,探究我国蛋鸡养殖效率时空变化及内在机理,为各省生产布局和发展战略制定提供相应参考。

8.1 研究方法与数据说明

8.1.1 研究方法

生产效率是指在既定投入和技术条件下,要素资源充分配置带来的最大可能性产出的程度。目前,常用的效率测算方法有数据包络分析(DEA)和随机前沿生产函数法(SFA)。DEA 方法作为非参数方法,不需要设定具体的生产函数形式,不受投入和产出指标量纲的影响,引入线性规划的方式,综合考虑规模可变和规模不可变的情形,在效率测算中得到了广泛的应用。DEA 评价的依据是决策单元的输入数据和输出数据,评价建立在单元间相互比较的基础上,因此结果是单元间的相对有效性,特点是更适用于多投入、多产出的综合有效性评价问题。不同于传统 DEA 模型,SBM 模型将投入和产出的松弛变量直接放入目标函数中,可以剔除松弛所造成的非效率因素,同时可以解决非期望产出存在下的生产效率评价问题。基于非期望产出松弛的 SBM(slack-based measure,SBM)模型为:

$$D_0^t(x^t, y^{g,t}, y^{b,t}; g) = \rho = \min \frac{1 - \frac{1}{m}\sum_{i=1}^{m}\frac{\bar{s}_i}{x_{i0}}}{1 + \frac{1}{s_1 + s_2}(\sum_{r=1}^{s_1}\frac{s_r^g}{y_r^g} + \sum_{l=1}^{s_2}\frac{s_l^b}{y_l^b})} \tag{8-1}$$

$$\text{s.t.} \quad x^t\lambda + \bar{s} = x_0, \ y^{g,t}\lambda - s^g = y_0^g, \ y^{b,t}\lambda + s^b = y_0^b,$$

$$\sum_{i=1}^{n}\lambda_i = 1, \bar{s} \geq 0, s^g \geq 0, s^b \geq 0, \lambda_i \geq 0.$$

其中,$D_0^t(x^t, y^{g,t}, y^{b,t}; g)$ 为以 t 时期的技术为参照的距离函数;ρ 为目标效率值;$x^t, y^{g,t}, y^{b,t}$ 分别为投入、期望产出、非期望产出;$\bar{s}_i, s^g, s^b$ 分别为投入、期望产出、非期望产出的松弛变量;s_r^g、s_l^b 分别表示第 r 种期望产出的冗余、第 l 种非期望产出的冗余;y_r^g、y_l^b 分别表示第 r 种期望产出、第 l 种非期望产出。λ_i 为权重向量。当 $\rho = 1$ 且 $\bar{s}_i, s^g, s^b = 0$ 时,被评价决策单元有效,否则存在效率损失。

基于 SBM 函数(8-1),可以定义 t 到 $t+1$ 时期的 Malmquist 生产率指数,对生产率指数进行几何平均化处理,即可得到全要素生产率指数:

$$TFPCH_t^{t+1} = \sqrt[2]{\frac{1+D_0^t(x^t, y^{g,t}, y^{b,t}; g)}{1+D_0^t(x^{t+1}, y^{g,t+1}, y^{b,t+1}; g)} \times \frac{1+D_0^{t+1}(x^t, y^{g,t}, y^{b,t}; g)}{1+D_0^{t+1}(x^{t+1}, y^{g,t+1}, y^{b,t+1}; g)}}$$

(8-2)

根据式（8-2）可以进一步将全要素生产率指数分解为技术进步指数（$TECH_t^{t+1}$，technical efficiency change）和效率改进指数（$EFFCH_t^{t+1}$，efficiency change）：$TFPCH_t^{t+1} = TECH_t^{t+1} \times EFFCH_t^{t+1}$

其中：

$$TECH_t^{t+1} = \sqrt[2]{\frac{1+D_0^{t+1}(x^t, y^{g,t}, y^{b,t}; g)}{1+D_0^t(x^t, y^{g,t}, y^{b,t}; g)} \times \frac{1+D_0^{t+1}(x^{t+1}, y^{g,t+1}, y^{b,t+1}; g)}{1+D_0^t(x^{t+1}, y^{g,t+1}, y^{b,t+1}; g)}}$$

(8-3)

$$EFFCH_t^{t+1} = \frac{1+D_0^t(x^t, y^{g,t}, y^{b,t}; g)}{1+D_0^t(x^{t+1}, y^{g,t+1}, y^{b,t+1}; g)}$$

(8-4)

$TFPCH$、$TECH$ 和 $EFFCH$ 大于（小于）1 分别表示全要素生产率增长（下降）、技术进步（退步）和效率改善（恶化）。

8.1.2 投入产出指标选取

参照以往学者对畜禽养殖技术效率、全要素生产率的指标选取（潘丹等，2013；崔孟宁等，2014）；投入指标选取仔畜费用、饲料费用、劳动力、医疗防疫、其他投入，鸡蛋产量为期望产出。为消除通货膨胀对投入和产出指标的影响，此处对各种投入品价格进行平减最终获得以 2004 年为基期的投入品价格。

8.1.3 研究对象及数据来源

选取 2004—2016 年我国不同省份不同规模的蛋鸡生产数据，数据来源于 2005—2017 年《全国农产品成本收益资料汇编》，并根据《全国农产品成本收益资料汇编》对蛋鸡规模养殖的分类标准将蛋鸡养殖规模分类成三种规模：小规模（300，1 000]、中规模（1 000，10 000]、大规模（>10 000），分组测算蛋鸡全要素生产率。在各组中剔除了缺失数据后，最终小规模组包括山西、辽宁、黑龙江、山东、河南等 5 个省，中规模组包括北京、天津、河北、山西、内蒙古、辽宁、吉林、黑龙江、江苏、浙江、安徽、山东、河南、湖北、重庆、四川、云南、陕西、甘肃、宁夏、新疆21个省（区、市），大规模组包括北京、天津、辽宁、吉林、黑龙江、江苏、安徽、福建、山东、河南、湖北、广东、海南、四川、云南等15个省市。

8.2 我国蛋鸡全要素生产率省域比较

在确定输入和输出变量的基础上，运用 deap 2.1 软件对2004—2016年我国蛋鸡养殖的全要素生产率进行测算，并对得出的结果从总体、时间与地区三个维度进行比较分析。

8.2.1 总体角度的全要素生产率

总体来看，蛋鸡规模养殖场全要素生产率增长率处于下降趋势。就不同规模来看，小规模蛋鸡养殖场 TFPCH 指数增长率处于增长趋势；但中规模、大规模蛋鸡养殖场 TFPCH 指数增长率均处于下降趋势，其中大规模蛋鸡养殖场的下降幅度最大，下降了1.24%，可以看出大中规模养殖场是未来养殖效率改善的主要方向。蛋鸡规模养殖场的 EFFCH 指数大于1，这说明我国近年来蛋鸡养殖的效率有所改善；就不同规模来看，大、中、小规模蛋鸡养殖场的 EFFCH 指数均大于1，其中中规模蛋鸡养殖场的效率改善程度最大，上涨了0.31%。全国蛋鸡规模养殖场的 TECH 指数为0.992 5，这说明我国近年来蛋鸡养殖的技术急需要更新换代（表8-1）。就不同规模来看，小规模养殖场的 TECH 指数大于1，而大规模、中规模养殖场的 TECH 指数小于1，尤其大规模养殖场技术退步的幅度最大，为1.15%。

表8-1 2004—2016年不同规模蛋鸡养殖场平均全要素生产率增长统计

指数类型	规模养殖场	小规模养殖场	中规模养殖场	大规模养殖场
TFPCH	0.993 5	1.000 7	0.992 3	0.987 6
EFFCH	1.001 3	1.000 4	1.003 1	1.000 3
TECH	0.992 5	1.000 2	0.988 8	0.988 5

8.2.2 我国蛋鸡养殖效率变化的时间分析

不同规模养殖场的 TFPCH 指数在 0.936~1.078 区间波动（表 8-2）。规模养殖场蛋鸡全要素生产率下降的年份为 2006 年、2007 年、2010 年和 2016 年，其余年份其均出现不同程度的增长，2015 年达到最高为 1.078，2010 年最低为 0.936。

就不同规模来看，小规模养殖场的全要素生产率在 2007 年出现剧烈下降，由 1.052 4 下降到 0.971，随后逐步回升，直到 2010 年又出现下降，由 2009 年的 1.013 下降到 2010 年的 0.924 4，随后 2011—2015 年进入波动增长期，在 2015 年达到最大，全要素生产率增长 9.14%，2016 年虽然增长幅度在下降但 TFPCH 指数仍然大于 1。中等规模养殖场，除了 2005 年 TFPCH 指数大于 1 外，2005—2012 年 TFPCH 指数均小于 1，随后 2013—2016 年 TFPCH 指数波动增长，在 2016 年 TFPCH 指数达到最大为 1.075；大规模养殖场，2006—2011 年，TFPCH 指数均小于 1，2010 年 TFPCH 指数处于整个样本期内 3 类规模养殖场下的最低值为 0.918，随后年份 TFPCH 指数呈现波动增长趋势，到 2015 年增长至 1.068。因此，可以分析得出，2004—2016 年，我国规模蛋鸡养殖场的全要素生产率指数总体不高，且处于波动状态，相比于其他规模的蛋鸡养殖场，大规模蛋鸡养殖场要更注重 TFPCH 指数增长率的提高。

表 8-2 2004—2016 年规模养殖场蛋鸡养殖 TFPCH 指数变动趋势

TFCHP 指数	年份					
	2005	2006	2007	2008	2009	2010
规模	1.041 4	0.999 6	0.948 9	0.997 0	0.972 2	0.935 9
小规模	1.050 4	1.052 4	0.971 2	1.014 2	1.013 0	0.924 4
中规模	1.062 2	0.965 4	0.937 1	0.998 3	0.925 6	0.965 6
大规模	1.011 5	0.981 1	0.938 3	0.978 4	0.977 9	0.917 7
TFCHP 指数	年份					
	2011	2012	2013	2014	2015	2016
规模	0.947 2	0.962 0	0.997 9	0.994 0	1.077 7	1.048 6
小规模	0.947 4	0.944 6	0.992 2	0.988 8	1.091 4	1.018 0
中规模	0.957 7	0.940 0	1.016 4	0.990 6	1.074 0	1.075 0
大规模	0.936 5	1.001 3	0.984 9	1.002 6	1.067 8	1.052 9

不同规模养殖场的 $EFFCH$ 指数位于 0.961~1.028，其中 2005 年、2008 年、2012 年与 2015 年规模养殖场出现效率恶化，其余年份均出现不同程度的效率改善，规模养殖场在 2005—2016 年的平均效率变化指数大于 1，这说明我国近年来蛋鸡养殖的效率有所改善。就不同规模来看，大规模养殖场的效率指数变动幅度最大，2004—2010 年均处于波动变化，在 2010 年 $EFFCH$ 指数增长到最高点 1.028，随后年份又处于波动下降趋势，但总的来说大规模养殖场的平均效率变化指数大于 1；中规模养殖场的平均效率变化指数大于 1，且效率改善程度要高于大、小规模养殖场；除 2007 年、2010 年、2012 年、2013 年与 2016 小规模养殖场的 $EFFCH$ 指数小于 1 外，其余年份均大于 1，但总体来说小规模蛋鸡养殖场的效率变化指数大于 1（表 8-3）。

表 8-3　2005—2016 年规模养殖场蛋鸡养殖 $EFFCH$ 指数

$EFFCH$ 指数	年份					
	2005	2006	2007	2008	2009	2010
规模	0.990 7	1.014 3	1.003 8	0.989 0	1.017 3	1.003 7
小规模	1.002 8	1.008 8	0.991 8	0.986 2	1.020 2	0.984 4
中规模	1.007 9	1.017 1	0.988 4	1.012 1	1.012 4	0.999 0
大规模	0.961 4	1.016 9	1.031 3	0.968 8	1.019 2	1.027 6
$EFFCH$ 指数	年份					
	2011	2012	2013	2014	2015	2016
规模	1.012 5	0.996 3	0.990 8	1.011 5	0.992 6	0.992 9
小规模	1.007 8	0.993 0	0.994 6	1.020 4	1.003 2	0.991 8
中规模	1.010 0	0.985 1	0.991 5	1.021 0	0.990 8	1.002 1
大规模	1.019 7	1.010 9	0.986 4	0.993 1	0.983 7	0.984 9

不同规模养殖场的 $TECH$ 指数位于 0.933~1.086，其中除 2005 年、2008 年、2013 年与 2015—2016 年规模养殖场出现技术进步外，其余年份规模养殖场均出现不同程度的技术退步。就不同规模来看，大规模养殖场的 $TECH$ 指数增长率变动最大，2010 年技术变化指数为 0.894，低于中规

模、小规模水平,但 2015 年技术变化指数为 1.087,要高于中、小规模;中规模养殖场的 TECH 指数增长率虽然变动不大,但大多数年份均是处于技术退步状态;相反小规模养殖场的 TECH 指数要高于大、中规模。可见,目前我国规模蛋鸡养殖场除小规模养殖场外均存在技术退步,尤其大规模蛋鸡养殖场,随后在大、中规模蛋鸡养殖场养殖过程中要注重 TECH 指数增长率的提高(表 8-4)。

表 8-4 2005—2016 年规模养殖场蛋鸡养殖 TECH 指数变动趋势

TECH 指数	年份					
	2005	2006	2007	2008	2009	2010
规模	1.047 4	0.985 0	0.945 8	1.009 0	0.956 0	0.933 2
小规模	1.047 2	1.042 4	0.978 8	1.029 0	0.993 2	0.939 4
中规模	1.051 6	0.947 9	0.947 6	0.987 0	0.914 3	0.966 3
大规模	1.043 3	0.964 8	0.910 9	1.010 9	0.960 5	0.893 9
TECH 指数	年份					
	2011	2012	2013	2014	2015	2016
规模	0.934 7	0.964 9	1.008 4	0.983 1	1.086 4	1.056 2
小规模	0.939 8	0.951 2	0.998 0	0.969 2	1.087 8	1.026 8
中规模	0.946 1	0.952 2	1.024 9	0.970 9	1.084 3	1.072 0
大规模	0.918 3	0.991 4	1.002 2	1.009 3	1.086 9	1.069 7

综合来看,不同规模养殖场的 TFPC、EFFCH 和 TECH 的变化未表现出一致性,2005—2016 年,TFPC 出现增长的年份较多,即全要素生产率改善的年份较多,TECH 出现下降的年份较少,也即出现不同程度技术退步的情况较多,EFFCH 出现效率改善年份较多。

8.2.3 同一规模下分省份效率变化

小规模蛋鸡养殖场全要素生产率增长率、效率指数增长率与技术进步指数增长率均呈现增长。从表 8-5 可以得到,TFPCH 指数超过 1 的省份有山西、辽宁、山东,并且这 3 个省的 TFPCH 指数超过平均水平(1.001),河南、黑龙江 TFPCH 指数均低于平均水平。同样对小规模蛋鸡养殖场的效率变化指数与技术进步指数进行分析,山西、黑龙江两个省的 EFFCH 指数分别为 0.997、0.999,说明这两个省的蛋鸡养殖中均存在不同程度的效率恶化，并且山西省蛋鸡养殖效率的恶化程度最大；黑龙江、河南两个省的 TECH 指数分别为 0.980、0.987，说明黑龙江省、河南省的蛋鸡养殖中均存在技术退步。

中规模蛋鸡养殖场全要素生产率增长率与技术进步指数增长率均存在下降。从表 8-5 可以得到，TFPCH 指数超过 1 的省份有山西、江苏、浙江、山东、河南、湖北、福建、四川、陕西，中规模蛋鸡养殖中有超过 1/2 的省份的 TFPCH 指数是高于平均水平（0.992），可见所统计的中规模蛋鸡养殖场的 TFPCH 指数偏高；在所统计的中规模蛋鸡养殖场的样本中，有 13 个省的蛋鸡养殖效率是改进的，河北、山西、浙江、四川等 4 个省的规模蛋鸡养殖存在技术进步，仅占总样本的 19%，这说明在今后的中规模蛋鸡养殖规模化过程中，相关政策应更多地向技术进步方面倾斜。

大规模蛋鸡养殖场全要素生产率增长率与技术进步指数增长率同样均呈现出下降趋势。从表 8-5 可以得到，TFPCH 指数超过 1 的省份只有福建、四川两个省，仅占据样本省份的 13%，这说明大规模蛋鸡养殖场的 TFPCH 指数普遍是偏低的；相反，有 10 个省份的蛋鸡养殖效率是改进的，说明大规模蛋鸡养殖场普遍是存在效率改进的，其平均 EFFCH 指数为 1.000；同样可以看到有超过 4/5 的省份的 TECH 指数小于 1；总体来说大规模蛋鸡养殖场的 TECH 指数增长率虽然在下降，但其下降幅度小于 TFPCH 指数。

表 8-5 地区角度的不同规模蛋鸡养殖场全要素生产率统计

指数类型		小规模蛋鸡养殖场	中规模蛋鸡养殖场	大规模蛋鸡养殖场
TFPCH	≥1	山西、辽宁、山东	山西、江苏、浙江、山东、河南、湖北、四川、陕西	福建、四川
	≥$\overline{TFPC}$	山西、辽宁、山东	北京、天津、河北、山西、吉林、江苏、浙江、山东、河南、湖北、四川、陕西、宁夏	辽宁、黑龙江、江苏、福建、山东、河南、湖北、海南、四川
	<$\overline{TFPC}$	黑龙江、河南	内蒙古、辽宁、黑龙江、安徽、重庆、云南、甘肃、新疆	北京、天津、吉林、安徽、广东、云南

(续表)

指数类型		小规模蛋鸡养殖场	中规模蛋鸡养殖场	大规模蛋鸡养殖场
EFFCH 值	≥1	辽宁、山东、河南	北京、天津、辽宁、吉林、江苏、浙江、安徽、山东、河南、湖北、陕西、甘肃、宁夏	北京、天津、辽宁、吉林、江苏、福建、河南、湖北、海南、云南
	≥$\overline{EFFC}$	山东	天津、江苏、浙江、安徽、山东、河南、湖北、陕西、宁夏	北京、辽宁、江苏、福建、河南、海南、四川
	<$\overline{EFFC}$	山西、辽宁、黑龙江、河南	北京、河北、山西、内蒙古、辽宁、吉林、黑龙江、重庆、四川、云南、甘肃、新疆	天津、吉林、黑龙江、安徽、山东、湖北、广东、云南
TECH 值	≥1	山西、辽宁、山东	河北、山西、浙江、四川	黑龙江、海南、四川
	≥$\overline{TECH}$	山西、辽宁、山东	北京、天津、河北、山西、辽宁、吉林、江苏、浙江、山东、河南、湖北、四川	辽宁、黑龙江、福建、山东、河南、湖北、海南、四川
	<$\overline{TECH}$	黑龙江、河南	内蒙古、黑龙、安徽、重庆、云南、陕西、甘肃、宁夏、新疆	北京、天津、吉林、江苏、安徽、广东、云南

注：表中 $\overline{TFPC}$、$\overline{EFFC}$、$\overline{TECH}$ 分别为三类规模下 TFPCH、EFFCH、TECH 数值的均值

8.3 本章小结

本部分基于历年《全国农产品成本收益资料汇编》，采用2004—2016年我国不同省份不同规模的蛋鸡投入产出数据，借助 DEA-SBM 模型对我国蛋鸡产业的生产效率进行测度，并从不同地区、不同规模和不同时间的趋势对我国蛋鸡养殖全要素生产率、技术进步和效率改进进行比较和分析；整体来看，蛋鸡养殖全要素生产率指数存在规模差异，整体来看，小规模蛋鸡养殖户全要素生产率指数高于中等和大规模蛋鸡养殖户全要素生产率；从时间趋势来看，蛋鸡养殖全要素生产率指数并未呈现增长趋势，但波动较为明显；从区域角度来看，蛋鸡养殖全要素生产率区域差异较为明显。整体来看，蛋鸡养殖主产区全要素生产率高于非主产区。

第9章 蛋鸡粪污资源化利用技术效益评估

9.1 技术背景

我国蛋鸡养殖业的快速发展极大地满足居民对鸡蛋的需求，促进乡村产业的发展，并带动农民增收。但与此同时，蛋鸡粪污产生和排放，对外界环境产生了负面影响。推进蛋鸡粪污资源化利用，不仅能够改善农村居民的生产生活环境，而且能够提供清洁能源、改善土壤地力以及治理农业面源污染，符合农业供给侧结构性改革的要求，能够补齐蛋鸡产业可持续发展的环境短板。结合以往的调研，对我国蛋鸡粪污资源化利用模式进行了总结，我国蛋鸡粪污资源化利用主要有三种模式，分别是能源化、肥料化和工业化，其中，能源化和肥料化是主要的利用方向，尤其是肥料化。在推行蛋鸡粪污肥料化利用的过程中，存在有机肥厂投资大、运营费用高、盈利困难、资金回收期长等问题，为了解决以上问题以及集成示范蛋鸡粪污肥料利用技术，本研究结合蛋鸡粪污肥料化处理的实际情况，集成示范了蛋鸡粪污罐式发酵工艺以及蛋鸡粪污槽式发酵、液体肥发酵工艺，其中蛋鸡粪污罐式发酵工艺已经在北京市华都峪口禽业有限责任公司（简称为峪口公司）得到应用，蛋鸡粪污槽式发酵及液体肥发酵的集成工艺已经在宁夏顺宝现代农业股份有限公司（简称为顺宝公司）应用，以上两种蛋鸡养殖配套粪污资源化利用设施的模式，能够引导行业蛋鸡粪污资源化利用，加速蛋鸡养殖业的提质增效。

9.2 技术基本情况

9.2.1 蛋鸡粪污罐式发酵工艺

蛋鸡粪污加入罐式有机肥好氧发酵机后，当温度、水分、氧含量等条件达到一定指标时，这些微生物大量繁殖并分解蛋鸡粪污中含有的有机物。利用微生物的活性，对粪污中的有机质进行生物分解、腐熟，使有机废弃物转化成有机肥原料。蛋鸡粪污的高温好氧发酵过程实际上就是蛋鸡粪污中的微生物发酵的过程。不溶性大分子有机物先附着在微生物外，由微生物所分泌的胞外酶分解为可溶性小分子物质，再送入微生物细胞内被利用，而堆体基质的形态复杂，只有分解为简单形态才能为微生物利用。

9.2.2 蛋鸡粪污槽式发酵及液体肥发酵的集成工艺

槽式好氧发酵工艺采用以曝气为核心，有效翻抛为辅，自动配料为配套的好氧发酵技术，并对发酵过程产生的异味气体通过引风机收集经除臭系统处理，除臭系统所产生的废水经调制后可作为液体肥料应用于农田灌溉，对环境无污染。通过对国内外多种槽式发酵设备进行考察对比分析，顺宝公司研制出了自有技术的槽式发酵系统设备，单套系统能够满足25万羽蛋鸡的粪污处理，其系统运行效果完全能达到国标要求，与国内外其他系统比较，可大幅降低投资成本和运行成本。液体肥发酵工艺，以厌氧发酵沼液为开发对象，同时配套设置厌氧发酵罐，固液分离设备，搅拌均化设备，除砂设备，将前端入料浓度、净化程度、除砂效果，实施前期和过程控制，为后续生产加工液态肥提供工艺保障。实现了沼液深度固液分离、多级膜浓缩、杀菌，过滤净化后的滤液作为液体肥料的基础母液，通过对基础母液调制、复配，可研究开发生产出不同需求的各类液体肥料。

9.3 经济效益评估

9.3.1 技术新增效益测算

9.3.1.1 测算依据

依据农业科研成果经济效益计算方法,对蛋鸡粪污资源化利用技术集成科研成果的经济效益进行测算,测算依据如下。

(1) 农业科研成果经济效益计算方法。

(2) 国家统计局业务工作规范。

(3) 蛋鸡粪污及加工品价格、设施设备投入成本、蛋鸡粪污加工投入成本以及银行利息率等。

(4) 重点研发计划项目课题"蛋鸡养殖废弃物资源化利用技术研究与示范"提供的蛋鸡粪污资源化利用科学技术成果报告及相关资料。

9.3.1.2 单位规模新增经济效益

蛋鸡粪污罐式发酵工艺主要的新增经济效益体现在增加蛋鸡粪污产品利润。据测算,直接销售鲜鸡粪,则可获利 35 元/吨;生产有机肥,3.33 吨的鲜鸡粪可生产 1 吨的有机肥,1 吨有机肥的生产成本为 157.15 元(含鲜粪投入成本、雇工费用、固定资产折旧等),按照售价 400 元/吨,则每吨有机肥可获利 242.85 元,换算到每吨鲜鸡粪可新增获利 80.95 元。也就是说,采用罐式发酵工艺加工蛋鸡粪污,每吨鲜鸡粪可新增经济效益 80.95 元。

蛋鸡粪污槽式发酵及液体肥发酵的集成工艺的新增经济效益主要体现在减少运营成本、减少环境污染罚款、增加粪污处理收益、沼渣再加工新增收益、新增液体肥收益。

蛋鸡粪污槽式发酵工艺,经过工艺改进,装载机年可节约 52 万元,人工节约 10 万元,换算到每吨有机肥可节约成本 38.75 元;采用了系统喷淋洗涤和生物除臭,每年可减少环境污染罚款 15 万元,生产 1 吨有机肥可减少 9.38 元的罚款支出;若直接出售鲜鸡粪可获得 50 元/吨的收益,加工成有机肥后(每年生产 1.2 万吨,1 吨鲜鸡粪可生产 0.35 吨有机肥),扣除人工成本、加工成本,每吨有机肥可新增收益 544 元。总的来看,鲜鸡粪槽式发酵生产有机肥,每吨鲜鸡粪可新增经济收益 207.04 元。

蛋鸡粪污厌氧发酵工艺，进行了系统的升级改造，主要提高了整体系统的自动程度，大大提高生产能力，每年可节约12.5万元的人工成本，每吨鲜鸡粪可减少3.42元的人工成本；由于厌氧发酵是处在完全密闭状态进行发酵和产气，每年可节约环境污染罚款15万元，每加工1吨鲜鸡粪可减少罚款4.11元；每年沼气发电可节约电费55万元、减少天然气燃料成本78万元，每吨鲜鸡粪可新增经济效益36.44元；沼渣加工成有机肥（每年生产0.4万吨，1吨沼渣可生产0.13吨有机肥），每吨有机肥可新增收益30.96元。总的来看，蛋鸡粪污厌氧发酵工艺生产沼气和沼渣，每吨鲜鸡粪可新增经济收益54.80元。

蛋鸡粪污液体肥发酵，每年可生产1万吨的液体肥，每吨价格为4 500元，成本3 652.50元，每吨液体肥可新增经济效益847.50元，即每吨鲜鸡粪可新增经济效益232.19元。

根据对蛋鸡粪污槽式发酵及液体肥发酵集成工艺的单位新增经济效益的分析，结合集成技术的实际应用情况，"蛋鸡粪污槽式发酵工艺+液体肥发酵"加工每吨鲜鸡粪可新增经济效益489.59元，"蛋鸡粪污厌氧发酵工艺+液体肥发酵"加工每吨鲜鸡粪可新增经济效益336.99元。

9.3.1.3　测算结论

蛋鸡粪污资源化利用是能够获利的，而且经济效益非常明显，其中，蛋鸡粪污罐式发酵工艺加工1吨鲜鸡粪可新增经济效益80.95元，蛋鸡粪污槽式发酵及液体肥发酵的集成工艺因具体工艺的组合不同有明显差异，"蛋鸡粪污槽式发酵+液体肥发酵"加工每吨鲜鸡粪可新增经济效益489.59元，"蛋鸡粪污厌氧发酵+液体肥发酵"加工每吨鲜鸡粪可新增经济效益336.99元。

本报告所测算的蛋鸡粪污资源化利用技术得到推广应用，针对不同的养殖规模及粪污产生量采用不同的加工工艺，能够有效解决蛋鸡粪污的污染问题，并能够实现蛋鸡粪污的增值。

9.3.2　技术应用投资回收测算

9.3.2.1　示范场基本情况

峪口公司蛋鸡粪污罐式发酵场位于北京平谷区，蛋鸡粪污罐式发酵场建设时间为2019年7月、投入运行时间为2019年12月，发酵罐占地面积为63平方米，配套硬化面积为300平方米，配备了相应的从鸡舍到发酵罐之间的鸡粪传送设备。

顺宝公司蛋鸡粪污处理场位于宁夏吴忠市，该公司历经10年的研究和开发，已经形成了比较成熟的蛋鸡粪污好氧发酵、厌氧发酵以及液体肥发酵工艺，也对以上的工艺进行了集成整合，实现了蛋鸡粪污资源价值潜力的深入挖掘与开发。

9.3.2.2 测算方法

本部分使用国内外普遍运用的费用收益率指标、投资回收期指标对蛋鸡粪污资源化利用示范场进行经济评估。

费用收益率即投资年收益与年费用的比率，计算公式为：$R=B/C\times 100\%$，其中 R 为费用收益率，B 为年度总收益，C 为年度总成本。投资回收期就是使累计的经济效益等于最初的投资费用所需的时间，也就是指通过资金回流量来回收投资的年限，计算公式为：$T=I_0/(B-C)$，其中 T 为投资回收期，I_0 为初始投资额。

9.3.2.3 投资回收测算结果

峪口公司示范场每年费用合计为198.26万元（表9-1），年收入为525万元。在按照市场价格计算蛋鸡粪污成本的情况下，费用收益率为525/198.26=2.65。鉴于蛋鸡粪污为该公司自有，按照0成本计算，费用下降153.3万元，实际总费用为44.96万元，实际费用收益率为：525/44.96=11.68；实际回收期为：275/480.04=0.57年，示范场可以在折旧期（15年）内收回投资。

若去除财政补贴231万元，则峪口公司示范场每年的费用合计为182.86万元，年收入为525万元。在按照市场价格计算蛋鸡粪污成本的情况下，费用收益率为525/182.86=2.87。鉴于蛋鸡粪污为该公司自有，按照0成本计算，费用下降153.3万元，实际总费用为29.56万元，实际费用收益率为：525/29.56=17.76；实际回收期为：44/495.44=0.09年，示范场可以在折旧期（15年）内收回投资。

表9-1 峪口公司示范场投入及效益情况

项目	费用金额	备注
固定资产投入（万元）	275.00	财政补贴231万元
运行成本合计（万元/年）	26.00	—
占地机会成本（万元/年）	0.63	占地5亩，粮食收入1250元/（亩·年）

(续表)

项目	费用金额	备注
蛋鸡粪机会成本（万元/年）	153.30	年产鲜粪4.38万吨，售价为35元/吨
总成本合计（万元/年）	198.26	—
净利润（万元/年）	326.74	—

顺宝公司示范场每年的费用合计为1 728.26万元（表9-2），年收入为3 582.76万元。在按照市场价格计算蛋鸡粪污成本的情况下，费用收益率为3 582.76/1 728.26=2.07。鉴于蛋鸡粪污为该公司自有，按照0成本计算，那么费用下降354万元，实际总费用为1 374.26万元，实际费用收益率为：3 582.76/1 374.26=2.61；实际回收期为：7 830/2 208.5=3.55年，示范场可以在折旧期（15年）内收回投资。

若去除财政补贴2 200万元，则顺宝公司示范场每年的费用合计为1 581.59万元，年收入为3 582.76万元。在按照市场价格计算蛋鸡粪污成本的情况下，费用收益率为3 582.76/1 581.59=2.33。鉴于蛋鸡粪污为该公司自有，按照0成本计算，那么费用下降354万元，实际总费用为1 227.59万元，实际费用收益率为：3 582.76/1 227.59=2.92；实际回收期为：5 630/2 355.17=2.39年，示范场可以在折旧期（15年）内收回投资。

表9-2 顺宝公司示范场投入及效益情况

项目	费用金额	备注
固定资产投入（万元）	7 830.00	财政补贴2 200万元
运行成本合计（万元/年）	843.00	—
占地机会成本（万元/年）	9.26	占地115.75亩，粮食收入800元/（亩·年）
蛋鸡粪机会成本（万元/年）	354.00	年产鲜粪7.08万吨，售价为50元/吨
总成本合计（万元/年）	1 728.26	—
净利润（万元/年）	1 854.50	—

9.4 社会及环境效益分析

（1）资源化利用水平提升，促进种养结合。有效提升了蛋鸡粪污资源化利用水平，实现了蛋鸡粪污的无害化处理，降低了氨气等有害气体的挥发，改善了周边环境，促进了种养产业的结合，并缓解了农业面临污染的问题。

（2）提升农产品质量及效益。示范场所生产的肥料目前已经在经济作物上进行了应用，取得了良好的成效，主要体现在品质上有了一定的提升、抗病性有明显的优势，而且施用蛋鸡粪污有机肥后，农产品的价格也有了提高，比如宁夏中卫硒砂瓜基地施用蛋鸡粪污有机肥后，硒砂瓜出售价格约高出了2元/千克。

（3）有助于改良土壤。施用蛋鸡粪污有机肥后，土地地力有了明显提升，而且土壤保水性也有了提升，通过实验表明施用蛋鸡粪污有机肥的作物的耐旱性比常规施用化肥能提高3~4天。

第10章 蛋种鸡"叠层笼养+人工输精"模式技术集成效益评估

10.1 技术背景

目前,我国蛋鸡产业正处于转型升级、提质增效的关键期,尤其是作为蛋鸡产业源头的蛋种鸡行业亟须提升。而由于我国蛋种鸡行业起步较晚,导致行业的整体发展水平落后于国外发达国家。国际上普遍采用自动化设施设备及本交繁育模式,人均生产效率较高,而国内限于资金和技术等原因,多以"平养+本交""笼养+人工输精"的模式为主,现代科学技术及设备研发推广滞后,严重制约了我国蛋种鸡行业整体的生产效率和发展前景。为了提升我国蛋种鸡养殖现代化水平,本研究结合我国蛋种鸡养殖实际情况,创新性地将商品代蛋鸡叠层笼养模式引入到蛋种鸡养殖,将喂料、饮水、光照、清粪和环境调控等管理工作全部实现自动化,并集成和应用了标准化鸡舍设计技术、蛋种母鸡精准饲养技术、蛋种公鸡精准饲养及选择技术、"菜单式"精准营养供给技术、公鸡精液品质测定技术、自动化清粪技术、罐式好氧发酵工艺、种鸡饲养设施与环境的耦合调控技术、种蛋分拣及雏鸡自动化处理收集与分拣等技术,形成了"叠层笼养+人工输精"蛋种鸡高效养殖模式。该模式已经得到推广应用,峪口公司在新建场区中均采用本模式,如2016年大名新建场、2018年行唐新建场均采用了"3+3"6层H型叠层笼饲养加人工输精蛋种鸡的繁育模式,2017年成武新建场采用了5列4层H型叠层笼饲养加人工输精蛋种鸡的繁育模式,目前已顺利投产603万套蛋种鸡。"叠层笼养+人工输精"模式在各个蛋种鸡产业园区的复制推广,将有力完善我国良种蛋鸡繁育体系,全面提升良种蛋鸡供应能力,加速蛋鸡产业自动化、数字化、智能化转型,实现高质量发展。

10.2 技术基本情况

蛋种鸡"叠层笼养+人工输精"模式由北京市华都峪口禽业有限责任公司、华中农业大学、中国农业科学院北京畜牧兽医研究所、中国农业大学联合研发,遵循关键技术研发创新、传统技术集成创新、成果集中示范应用的原则,集成和应用了标准化鸡舍设计技术、蛋种母鸡精准饲养技术、蛋种公鸡精准饲养及选择技术、蛋种鸡"叠层笼养+人工输精"技术、"菜单式"精准营养供给技术、公鸡精液品质测定技术、自动化清粪技术、罐式好氧发酵工艺、种鸡饲养设施与环境的耦合调控技术、种蛋分拣、雏鸡自动化处理等11项技术,突破了蛋种鸡人工输精生产模式下无法采用叠层笼养设备的技术瓶颈,设计研发了适合叠层笼养模式的种鸡笼;研究建立了一种调控鸡群产蛋节律的光照技术,打造全天候输精模式;设计研制叠层笼人工输精操作辅助车,根据人体工程学设计车身与座位高度,保障叠层笼饲养设备与人工输精操作有机结合;首创种鸡养殖物联互通模式,即通过物联网集成系统远程管理鸡舍设备运转、监测舍内环境预警、统计分析生产数据和数据共享,建立数据服务统一管理体系,各栋舍数据和状态能够远程传输至智能化操作终端进行融合、处理,实现种鸡生产过程的数字化、智能化管理,为种鸡产业向"设备数字化—生产数字化—产业链数字化"转型升级提供了一种可复制推广的模式。

10.3 经济效益评估

10.3.1 技术新增效益测算

10.3.1.1 测算依据

依据农业科研成果经济效益计算方法,对蛋种鸡"叠层笼养+人工输精"模式技术集成科研成果的经济效益进行测算,测算依据如下。

首先,农业科研成果经济效益计算方法;其次,国家统计局业务工作规范;再次,蛋种鸡价格、种蛋价格、雏鸡价格、设施设备投入成本、蛋种鸡养殖投入成本以及银行利息率等;最后是重点研发计划项目子课题"蛋种鸡高效繁殖关键技术集成与示范"提供的蛋种鸡"叠层笼养+人工输精"模式技术集成科学技术成果报告及相关资料。

10.3.1.2 测算方法

采用农业科研成果经济效益计算方法测算蛋种鸡"叠层笼养+人工输精"模式技术集成科研成果的新增经济效益情况，具体的测算公式如下。

科研成果已获经济效益：

$$\text{已获经济效益} = \sum \left(\text{单位规模新增纯收益} \times \text{缩值系数} \right) - \text{已投入的推广费用} - \text{已推广期应分摊的科研费用}$$

$$\text{已推广期应分摊的科研费用} = \frac{\text{已推广规模}}{\text{可能推广规模}} \times \text{总科研费用复利值}$$

科研成果还可能产生的经济效益：

$$\text{还可能产生的经济效益} = \sum \left(\text{单位规模新增纯收益} \times \text{缩值系数} \right) - \text{还可能投入的推广费用复利值} - \text{预测期间应分摊的科研费用复利值}$$

年经济效益和科研投资年均纯收益率：

$$\text{年经济效益} = \frac{\text{已获经济效益} + \text{还可能产生的经济效益}}{\text{经济效益计算年限}}$$

$$\text{科研投资年均纯收益率} = \frac{\text{年经济效益} \times \text{科研单位经济效益分计系数}}{\text{总科研费用复利值}}$$

10.3.1.3 单位规模新增经济效益

蛋种鸡"叠层笼养+人工输精"模式技术集成科研成果主要的新增经济效益体现在"叠层笼养+人工输精"技术、标准化鸡舍设计技术、蛋种公鸡精准饲养及选择技术、"菜单式"精准营养供给技术、公鸡精液品质测定技术、自动化清粪技术、种鸡饲养设施与环境的耦合调控技术以及种蛋分拣和雏鸡自动化处理等技术应用所降低的成本及增加的利润，该模式的技术集成涉及蛋种鸡养殖及雏鸡孵化等环节，能够有效提升蛋种鸡养殖与雏鸡孵化一体化水平。

"叠层笼养+人工输精"技术的新增经济效益主要体现在提高合格种蛋率、降低种鸡死淘率、多孵化蛋雏鸡以及提高雏鸡品质等方面，该技术应用后年度的蛋种鸡种蛋合格率提高了 0.8%、死淘率下降了 0.6%，按照种蛋 1 元/枚、鸡只平均身价 40 元/只以及减少死淘鸡只至淘汰平均产入舍合格单产 120 枚计算，则 100 万套蛋种鸡每年可增加合格种蛋 316 万枚、多孵化雏鸡 137 万只。按照雏鸡单价 3.5 元/只计算，新增经济效益 480 万元，即每只蛋种鸡可新增 4.8 元/年的经济效益；该项技术还提高了孵化指标和雏鸡品质，按照单只雏鸡平均增加经济效益 0.294 8 元计算，则每只蛋种鸡可新增 2.95 元/年的经济效益。

标准化鸡舍设计技术的新增经济效益主要体现在降低基建投入成本、减少运营人工成本、降低土地租赁费用以及降低内外环境消毒成本等方面。该项技术应用后只鸡土建成本由 100 元/只下降到 94.4 元/只，若鸡舍可用 20 年，则每只蛋种鸡可节约土建成本 0.28 元/年；该项技术应用后可提高人员输精效率，减少场区的用工数量，减少人工成本，100 万套存栏规模的种鸡场减少用工 125 人，按照人均年收入 6 万元计算，每年可节约人工成本 750 万元，即每只蛋种鸡可减少 7.5 元/年的人工成本；该项技术应用后，100 万套的蛋种鸡场可减少占地 1 125 亩，每年节省土地租赁费用 230.6 万元，即每只蛋种鸡可减少 2.306 元/年的土地成本；该项技术应用后，蛋种鸡饲养效率是传统标准化鸡舍的 2.5 倍，100 万套蛋种鸡采用叠层笼蛋种鸡舍饲养可减少内外环境消毒费用约 10 万元，即每只蛋种鸡可减少 0.1 元/年的消毒成本。蛋种公鸡精准饲养及选择技术的新增效益主要体现在该项技术应用后，100 万套的蛋种鸡场可减少 0.42 万只种公鸡的饲养，按照种公鸡购入成本、饲养成本共计 100 元/只计算，则每只种鸡可降低成本 0.42 元。

"菜单式"精准营养供给技术的新增效益主要体现在该项技术应用后，能够提高鸡群体质，进而提高合格种蛋 9 枚/只，可多孵化健母雏 3.9 只，按照雏鸡单价 3.5 元/只计算，则每年可增加经济效益 13.65 元/只。

罐式好氧发酵工艺新增效益主要体现在该项技术应用后增加蛋鸡粪污产品的收入。按照每吨有机肥新增利润 50 元计算，则 100 万套蛋种鸡所产生的粪污，年可生产 10.5 万吨有机肥，获利 525 元，则每只蛋种鸡每年可增加 5.25 元的收益。

自动化清粪技术新增经济效益主要体现在该项技术应用后降低人工成本，每 100 万套规模的蛋种鸡场可减少清粪人员 16 人，按照人均年收入 6 万元计算，则年可降低清粪人工成本 96 万元，即每只蛋种鸡可减少 0.96 元/年的人工成本。

种蛋分拣和雏鸡自动化处理技术主要体现在该项技术应用后降低人工成本，年孵化能力 2 000 万只的标准化孵化厅实现种蛋分拣、雏鸡自动化处理技术后可减少用人数量为 7 人，100 万套规模的蛋种鸡场需与 4 个标准化孵化厅相匹配，共计减少用人数量为 28 人，按照人均年收入 6 万元计算，则年可降低人工成本 168 万元，即每只蛋种鸡可减少 1.68 元/年的人工成本。

综合来看,"叠层笼养+人工输精"模式技术集成科研成果,蛋种鸡可新增经济效益39.896元/只,扣除价格波动等方面因素的影响,蛋种鸡每年可新增经济效益39.058元/只。

10.3.1.4 推广规模与推广效益计算

根据本研究成果多年的试验结果,按照统计调查和典型调查结合的原则确定经济效益测算参数。该研究成果经济效益计算年限选择为9年。2017年开始投产,现已应用年限为4年,未来应用年限为5年。从2017—2020年,"叠层笼养+人工输精"模式技术集成科研成果已累计推广规模约603万套。根据现阶段推广情况及专家的评估预测,来预计2021—2025年的推广规模和新增纯收益(表10-1)。

表10-1 推广规模和效益情况

阶段	年份	离基准年年数	复利或贴现系数（r=10%）	投产规模（万套）	当年新增纯收益（万元）		推广费用（万元）	
					当年值	复利（贴现）值	当年值	复利（贴现）值
已经推广阶段	2017	3	1.331	64.8	2 530.96	3 368.71	10	13.31
	2018	2	1.210	99.4	3 882.37	4 697.66	20	24.20
	2019	1	1.100	189.7	7 409.30	8 150.23	25	27.50
	2020	0	1.000	249.1	9 729.35	9 729.35	25	25.00
	小计	—	—	603	23 551.98	25 945.95	80	90.01
未来推广阶段	2021	−1	0.909	283.6	11 076.85	10 068.86	25	22.73
	2022	−2	0.826	309.6	12 092.36	9 988.29	25	20.65
	2023	−3	0.751	309.6	12 092.36	9 081.36	25	18.78
	2024	−4	0.683	309.6	12 092.36	8 259.08	25	17.08
	2025	−5	0.621	309.6	12 092.36	7 509.35	25	15.53
	小计	—	—	1 522.0	59 446.29	44 906.94	125	94.77
合计		—	—	2 125.0	82 998.27	70 852.89	205	184.78

10.3.1.5 总科研费用复利值

"叠层笼养+人工输精"模式技术集成研究自2016年以来,由"国家蛋鸡产业技术体系"课题(2016—2020年)、国家重点研发计划重点专项项目"高产蛋鸡高效安全养殖技术应用与示范"(2018—2020年)、北京市科技计划课题"蛋鸡良种增效线下线上一体化应用与推广"（2019—2020年）以及公司内部研发项目"H型笼种鸡饲养技术的研究"（2017—2019年）的经费支持。科研费用包括专为该成果购买的仪器和图书资料费、制图费、试验费、化验费、计算费、材料及加工费、旅差费、会议费、科技人员和辅助人员的工资、行政和科研管理费、固定资产折旧费等费用（表10-2）。

表10-2 成果科研费用表

年份	离基准年年数	复利系数	总科研费用（万元）	科研费用复利值（万元）
2016	4	1.464	70	102.48
2017	3	1.331	90	119.79
2018	2	1.210	332	401.72
2019	1	1.100	281	309.1
2020	0	1.000	242	242
合计	—	—	1 015	1 175.09

10.3.1.6 经济效益指标计算

科研成果已获经济效益：为了反映科研成果在一定范围内使用后的增收效果，要小于区域对比试验中的增产增收效果这一实际情况，需要将试验中得到的经济效益乘以一个缩值系数，按规定取0.8。

计算公式为：

$$\text{已推广期应分摊的科研费用} = \frac{\text{已推广规模}}{\text{可能推广规模}} \times \text{总科研费用复利值}$$

$$= (603 \div 2\ 125) \times 1\ 175.09$$

$$= 333.45（万元）$$

$$\text{已获经济效益} = \sum (\text{单位规模新增纯收益} \times \text{缩值系数}) - \text{已投入的推广费用} - \text{已推广期应分摊的科研费用}$$

$$= 20\ 756.76 - 90.01 - 333.45$$

$$= 20\ 333.30（万元）$$

科研成果还可能产生的经济效益：

$$\text{还可能产生的经济效益} = \sum (\text{单位规模新增纯收益} \times \text{缩值系数}) -$$

$$= \frac{\text{还可能投入的}}{\text{推广费用复利值}} - \frac{\text{预测期间应分摊的}}{\text{科研费用复利值}}$$

$$= 35\,925.55 - 94.77 - 841.64$$

$$= 34\,989.14\ (\text{万元})$$

年经济效益和科研投资年均纯收益率：

$$\text{年经济效益} = \frac{\text{已获经济效益} + \text{还可能产生的经济效益}}{\text{经济效益计算年限}}$$

$$= \frac{20\,333.30 + 34\,989.14}{9}$$

$$= 6\,146.94\ (\text{万元})$$

$$\frac{\text{科研投资年均}}{\text{纯收益率}} = \frac{\text{年经济效益} \times \text{科研单位经济效益分计系数}}{\text{总科研费用复利值}}$$

$$= \frac{6\,146.94 \times 0.5}{1\,175.09}$$

$$= 2.62$$

10.3.1.7 经济效益测算结论

对以上计算过程总结，形成结论见表10-3。

在计算期内，到2020年年底，"叠层笼养+人工输精"模式技术集成科研成果累计推广规模已达到约603万套。根据测算结果表明，该科研成果在经济效益计算年限内（2017—2025年），按年利率和贴现率10%计算，平均每年能为社会增加6 146.94万元的经济效益，9年能为社会增加大约5.53亿元的经济效益，经济效益非常明显。

经测算，该科研成果投资年纯收益率达到2.62。即"叠层笼养+人工输精"模式技术集成科研成果平均每1元科研投资（在经济效益计算年限内），可为社会每年增加2.62元的经济效益（3年项目周期可增加7.86元），其科研投资回报水平较高（表10-3）。

表10-3 该项科研成果经济效益汇总表

类别	名称	数值
计算参数	经济效益计算年限（年）	9
	年利率（%）	10
	缩值系数	0.8
	间接科研费用系数	1.0
	科研单位经济效益分级系数	0.5

(续表)

类别	名称	数值
部分基础数据	已推广年限（年）	4
	已推广规模（万套）	603
	可能推广规模（万套）	2 125
	研制年限（年）	5
	科研费用（万元）	1 015
经济效益指数	单位规模新增收益（元/只）	39.058
	已获经济效益（万元）	20 333.30
	还可能产生的经济效益（万元）	34 989.14
	年经济效益（万元）	6 146.94
	科研投资年均纯收益率	2.62

10.3.2 技术应用投资回收测算

10.3.2.1 示范场基本情况

在河北省大名县和行唐县，分别建设了 100 万套规模的蛋种鸡产业园。每个产业园内匹配性建设有 50 万套笼位的育雏育成基地，100 万套笼位的蛋种鸡养殖基地，年孵化健母雏 8 000 万只的孵化基地，年饲料生产能力 15 万吨的饲料生产基地。

蛋种鸡产业园年可向社会提供优质商品代健母雏 8 000 万只，占中国市场的 8%，是世界单体规模最大的蛋种鸡产业园区。产业园内汇集当今家禽领域国际领先的设计、设备和技术，各生产基地均具备了"六化"特点，即规模化、集约化、现代化、生态化、产业化、社会化。产业园通过"叠层笼养+人工输精"生产技术及自动化设施设备的使用，实现人均饲养种鸡量由 4 000 套提高到 8 000 套，人工输精周期由 5 天/轮延长至 8 天/轮，种公母鸡比例由 1∶50 降低至 1∶80，大幅提高种鸡的生产效率。

10.3.2.2 测算方法

本部分使用国内外普遍运用的费用收益率指标、投资回收期指标对蛋种鸡"叠层笼养+人工输精"模式技术集成示范场进行经济评估。

费用收益率即投资年收益与年费用的比率，计算公式为：$R = B/C \times 100\%$，其中 R 为费用收益率，B 为年度总收益，C 为年度总成本。投资回收期就是使累计的经济效益等于最初的投资费用所需的时间，也就是指通过资金回流量来回收投资的年限，计算公式为：$T=I_0/(B-C)$，其中 T 为投资回收期，I_0 为初始投资额。

10.3.2.3 投资回收测算结果

大名县示范场每年的费用合计为 64 089.25 万元，年收入为 75 389.00 万元（表10-4）。在按照市场价格计算蛋鸡粪污成本的情况下，该示范场的费用收益率为 75 389.00/64 089.25＝1.176。鉴于蛋鸡粪污为该集团废弃物，按照0成本计算，费用下降 1 225.00 万元，实际总费用为 62 864.25 万元，实际费用收益率为：75 389.00/62 864.25＝1.199；实际回收期为：32 990/11 299.75＝2.92 年，示范场可以在折旧期（15 年）内收回投资。

表10-4 示范场投入及效益情况

项目	费用金额	备注
蛋种鸡养殖区固定资产投入（万元）	13 193	—
蛋种鸡养殖区运行成本合计（万元/年）	9 874	—
蛋种鸡养殖区占地机会成本（万元/年）	26.50	占地212亩，粮食收入1 250元/（亩·年）
蛋种鸡养殖区总成本合计（万元/年）	10 954	—
蛋种鸡养殖区净利润（万元/年）	3 150	—
孵化区域固定资产投入（万元）	12 290	—
孵化区域运行成本合计（万元/年）	2 640	—
孵化区域占地机会成本（万元/年）	13.88	占地111亩，粮食收入1 250元/（亩·年）
孵化区域总成本合计（万元/年）	24 720	—
孵化区域净利润（万元/年）	2 888	—
蛋鸡粪处理区域固定资产投入（万元）	3 000	未投产，参考同规模处理厂估算
蛋鸡粪处理区域运行成本合计（万元/年）	500	未投产，参考同规模处理厂估算
蛋鸡粪处理区域占地机会成本（万元/年）	6.25	占地50亩，粮食收入1 250元/（亩·年）

（续表）

项目	费用金额	备注
蛋鸡粪机会成本（万元/年）	1 225	年产鲜粪 35 万吨，售价为 35 元/吨
蛋鸡粪处理区域总成本合计（万元/年）	1 931.25	未投产，参考同规模处理厂估算
蛋鸡粪处理区净利润（万元/年）	2 268.75	未投产，参考同规模处理厂估算
饲料生产区域固定资产投入（万元）	4 507	未投产，参考同规模饲料场估算
饲料生产区域运行成本合计（万元/年）	26 220	未投产，参考同规模饲料场估算
饲料生产区域占地机会成本（万元/年）	8.75	占地 70 亩，粮食收入 1 250 元/（亩·年）
饲料生产区域总成本合计（万元/年）	26 484	未投产，参考同规模饲料场估算
饲料生产区域净利润（万元/年）	2 993	未投产，参考同规模饲料场估算
总利润（万元/年）	11 299.75	—

10.4 社会及环境效益分析

（1）带动贫困户脱贫致富。依托百万套"叠层笼养+人工输精"模式种鸡园区的建设，落实"五位一体"精准扶贫，在大名县和行唐县，帮助当地 918 名农民向产业工人转型，实现"家门口稳定就业"，累计带动当地 6 598 户建档立卡贫困户脱贫致富。

（2）蛋种鸡产业提质增效。"叠层笼养+人工输精"模式种鸡园区集成了行业内最先进的集约化蛋鸡饲养设备和技术，同时开展人工输精的"1888"高效繁殖和生产模式提高了蛋种鸡行业生产效率，降低了社会生产总体成本，在行业内起到了良好的示范带动效果的复制推广，将有力完善我国良种蛋鸡繁育体系，全面提升了良种蛋鸡供应能力，加速了蛋鸡产业生产自动化、数字化、智能化转型，实现了高质量发展。

（3）节约土地资源。集约化饲养程度高、工作效率高，单位面积的蛋种鸡饲养规模提升 2.5 倍以上，土地利用率大幅提高，有效节约了土地资源。

（4）提升养殖舒适性。叠层笼养鸡舍机械化设备齐全，清粪、捡蛋等自动化操作极大地降低了人工劳动强度,改变畜牧业生产工作繁重、落后的传统面貌,提升行业生产水平。

(5) 蛋鸡粪污资源化利用水平提升,促进种养结合。有效提升了蛋鸡粪污资源化利用水平,实现了蛋鸡粪污的无害化处理,减低了氨气等有害气体的挥发,改善了周边环境,促进了种养产业的结合,并缓解了农业面临污染的问题。

第11章 商品蛋鸡高效安全饲养管理技术集成效益评估

11.1 技术背景

商品蛋鸡包括后备期和产蛋期两个阶段，后备期虽然不产生经济效益，但其质量好坏对充分发挥母鸡遗传潜力，确保产蛋期高产稳产具有重要意义。如果后备期饲养管理不到位、不够精细化，造成后备母鸡质量不达标，会对后期产蛋造成难以挽回的损失。产蛋鸡一般从19周龄开始，饲养时间超过 年，目前高产蛋鸡72周龄产蛋数遗传潜力大多在320枚左右，产蛋量19.5~20千克，但目前我国蛋鸡只均产蛋量水平在18千克左右，低于遗传理论值1~2千克，说明我国商品蛋鸡饲养效率还有提高潜力，饲养管理措施还需进一步精细化；蛋鸡规模养殖发展速度加快，由于疾病的复杂化、非典型化、隐性化和常态化，健康养殖成本增加，规模养殖风险增大，养鸡场重大疫病时有发生，究其原因主要是生物安全管理出现问题，全进全出、消毒、免疫程序和养殖环境等方面控制不到位；精准饲喂是在充分了解蛋鸡生长发育特点、各生理阶段营养需要、饲料营养素吸收转化规律及营养生理作用、饲养管理情况等因素基础上，通过适当改变日粮组成、营养素及添加剂供给量或其他营养控制措施，最终达到促进蛋鸡生长和发育的目的，通俗来说就是需要什么喂什么、需要多少喂多少，但在实际饲养中，由于蛋鸡生长发育规律、不同阶段营养需要、饲料原料营养素含量、生存环境、气候等均处变化之中，较难做到"精准"营养调控。为了提升我国商品蛋鸡养殖水平，实现高效安全饲养，本研究结合我国商品蛋鸡养殖实际情况，创新性地开展体重均匀度控制、免疫程序优化、饲料原料选择等工作，并集成和应用了体重、光照、性成熟、均匀度等生长发育精准控制、鸡舍环境管理、应激管理、产蛋后期选择淘汰低产鸡、适时淘汰产蛋鸡、全进全出、人流物流管理与有效消毒、免疫程序优化、环境整治、饲料原料选择、饲料配方优化、饲料加工、喂料量控制等技术，形成了1套商品蛋鸡高效安全饲养管理技术。该技术已经在吉林金翼蛋品有限公司600万只商品蛋鸡中得到推广应用，取得了较好的应用效果，通过项目辐射带动，将大面积提高产蛋鸡生产性能，提升养殖效益。

11.2 技术基本情况

商品蛋鸡高效安全饲养管理技术由江苏省家禽科学研究所、中国农业科学院哈尔滨畜牧兽医研究所、中国农业科学院饲料研究所、江西农业大学联合研发集成，遵循关键技术研发创新、传统技术集成创新、成果集中示范应用的原则，集成和应用了体重、光照、性成熟、均匀度等生长发育精准控制，鸡舍环境、应激管理、产蛋后期选择淘汰低产鸡、适时淘汰产蛋鸡等产蛋期精细管理，全进全出、人流物流管理与有效消毒、免疫程序优化、环境整治等生物安全管理，饲料原料选择、饲料配方优化、饲料加工、喂料量控制等精准饲喂四大类16项技术，创新性提出了育成期限饲提高群体均匀度的方法，同时做好光照、性成熟控制，为产蛋期高产奠定基础；通过控制温度、光照、风速提供良好鸡舍环境，减少应激，主动淘汰低产鸡等措施达到稳产目的；确定了当前危害蛋鸡养殖的主要病原，对诊断技术进行了集成、优化和创新，优化了蛋鸡场免疫程序，节省了免疫成本；根据蛋鸡生理阶段（育雏、育成和产蛋鸡）和生产目的（生长、生产等）不同，精准供给不同营养水平、不同饲喂量的日粮，以实现蛋鸡营养均衡，合理选择蛋白原料，采用低蛋白日粮配方，减少饲料储存期的蛋白氧化，实现蛋白原料高效利用。

11.3 经济效益评估

11.3.1 测算方法及依据

依据农业科研成果经济效益计算方法，对商品蛋鸡高效安全饲养管理技术科研成果的经济效益进行测算，测算依据如下。

(1) 农业科研成果经济效益计算方法。
(2) 国家统计局业务工作规范。
(3) 鸡蛋价格、饲料价格、饲料投入量等数据。
(4) 重点研发计划项目子课题"商品蛋鸡高效安全饲养技术集成与示范"提供的商品蛋鸡高效安全饲养管理技术成果报告及相关资料。

11.3.2 示范场基本情况

吉林金翼蛋品有限公司根据当时国家扶贫工作有关会议精神，结合当地实际情况，围绕精准扶贫，采用"公司+基地+农户"的经营方式，运用当地饲料原料资源优势，建设"一村一场"扶贫开发项目，直接和间接地带动辽源市及周边地区蛋鸡养殖业的发展，帮助当地农民增加收入，脱贫致富。其中，东辽安良蛋鸡养殖专业合作社是商品蛋鸡高效安全饲养管理技术的示范场，位于东辽县安恕镇关门村八组，占地面积约5.5万平方米，建筑面积2万平方米，于2019年12月投产使用。安良示范场建有12栋标准化鸡舍，每个鸡舍饲养量为7.5万只。目前该场饲养京粉6号蛋鸡，已饲养到90周龄，饲养成绩优异，此批次蛋鸡19周到72周龄平均料蛋比2.21:1，死淘率为6.58%，产蛋总重量18.35千克，因为京粉6号蛋鸡的鸡蛋为小蛋，所以总重略低。

11.3.3 示范场新增经济效益测算

安良示范场应用的商品蛋鸡高效安全饲养管理技术科研成果主要的新增经济效益体现在4类具体技术：一是应用体重、光照、性成熟、均匀度等生长发育精准控制技术后，新增产量所增加的经济效益；二是应用鸡舍环境、应激管理、产蛋后期选择淘汰低产鸡、适时淘汰产蛋鸡等产蛋期精细管理技术后，新增产量以及降低损失增加的经济效益；三是应用全进全出、人流物流管理与有效消毒、免疫程序优化、环境整治等生物安全管理技术后，降低损失增加的经济效益；四是应用饲料原料选择、饲料配方优化、饲料加工、喂料量控制等精准饲喂技术后，新增产量以及降低饲料成本增加的经济效益。以上4类技术涉及商品蛋鸡饲养全过程，能够有效提高商品蛋鸡生产性能和饲养技术水平。

"生长发育精准控制"技术中的4个分项技术，最终目标是体重达标，均匀度提高，新增经济效益主要体现在72周龄产蛋量可提高0.15千克以上。

"产蛋期精细管理"技术中的 4 个分项技术,最终目标是提高产蛋率,降低死淘率,新增经济效益主要体现在 72 周龄产蛋量可提高 0.15 千克以上,死淘率降低 0.3 个百分点。

"生物安全管理"技术中的 4 个分项技术,最终目标是降低死淘率,提高健康水平,新增经济效益主要体现在 72 周龄死淘率降低 0.6 个百分点。

"精准饲喂"技术中的 4 个分项技术,最终目标是提高产蛋量和饲料转化效率,新增经济效益主要体现在 72 周龄产蛋量可提高 0.1 千克以上,饲料转化效率提高 0.06。

以上 4 类"商品蛋鸡高效安全饲养管理技术"集成应用后,每只商品蛋鸡可提高产蛋量 0.4 千克,死淘率降低 0.9%,饲料转化效率提高 0.06。按照每只蛋鸡可提高产蛋量 0.4 千克,则每只商品蛋鸡因提高产量可新增经济效益 3.44 元;按照死淘率降低 0.9%,则每只商品蛋鸡可减少损失 0.27 元;按照饲料转化效率提高 0.06,则每只商品蛋鸡因节省饲料可新增经济效益 2.78 元。综合来看,应用"商品蛋鸡高效安全饲养管理技术"后,每只蛋鸡可新增经济效益 6.49 元。

11.4 社会及环境效益分析

(1) 带动农民增收。吉林金翼蛋品有限公司安良示范场带动了当地农民就业,农村闲置劳动力得到有效安置,农民种植的玉米作为饲料原料直接卖给吉林金翼蛋品有限公司的饲料厂,促进了农民增收,带动了贫困户脱贫致富。

(2) 促进蛋鸡产业提质增效。吉林金翼蛋品有限公司安良示范场应用了商品蛋鸡高效安全饲养管理技术,挖掘了商品蛋鸡的生产性能,为市场提供了绿色安全蛋源,有效推动了蛋鸡产业提质增效。

(3) 有助于种养结合。吉林金翼蛋品有限公司安良示范场产出的鸡粪通过鸡场中央集粪系统集中收集,运输到有机肥厂进行有机肥生产,产出的有机肥再用于粮食基地的谷物种植,这种种养结合的模式,不仅减少了粪便对自然环境的污染破坏,同时实现了变废为宝,改善了土壤品质,提高了粮食产量。

第 12 章 研究结论与政策建议

12.1 养殖模式对蛋鸡养殖"质"和"效"的影响

12.1.1 蛋鸡养殖模式以阶梯笼养为主,向标准化、规模化方向转变

基于 373 家调研蛋鸡养殖户来看,阶梯笼养相对叠层笼养在我国应用得更为广泛,其中小规模养殖场养殖模式以阶梯型养殖为主,随着养殖规模扩大,叠层型饲养模式使用比例逐渐上升。随着养殖规模增大,采用全价饲料比例、使用自备井、以合同方式销售等比例也有增加趋势,且获得政府认定的标准化示范场比重增加,蛋鸡养殖场逐渐向标准化、规模化养殖方向转变。

12.1.2 不同地区、不同规模蛋鸡养殖的生产效率差异明显

借助 DEA-SBM 模型,基于历年《全国农产品成本收益资料汇编》,分析蛋鸡养殖生产效率指标,发现不同区域、不同规模下蛋鸡养殖的全要素生产率、效率及技术进步指标差异明显。蛋鸡养殖主产区全要素生产率高于非主产区,多数省份存在效率改善,但养殖技术进步率相对较低,尤其是对小规模养殖场而言,改善空间更明显,只有 1/5 省份的规模蛋鸡养殖存在技术进步,大规模蛋鸡养殖户的全要素生产率指数超过 1 的省份仅占据样本省份的 20%。

12.1.3 养殖模式选择受多种因素影响,且对成本收益影响显著

基于调研样本数据,农户使用阶梯型蛋鸡养殖模式与蛋鸡养殖年限、

养殖收入占家庭总收入的比重呈现出正相关关系，与家庭决策者性别为男性呈负相关关系，采用全价饲料喂养蛋鸡与使用阶梯笼养模式呈显著正相关关系。在养殖模式与蛋鸡成本收益方面的研究发现，阶梯笼养模式对蛋鸡产出有负向影响，但是阶梯笼养相比叠层笼养模式可以有效降低养殖成本，尤其是减少蛋鸡防疫成本和蛋鸡死亡成本具有明显的促进作用。这也说明叠层养殖模式更能促进蛋鸡养殖户产出，两种养殖模式对蛋鸡养殖户成本的影响差异不明显。

12.1.4 叠层笼养模式对技术效率有显著正向影响

总体来看，蛋鸡养殖技术效率均值为0.61，还有较大提升空间。使用叠层笼养比阶梯笼养模式的技术效率高0.012 8，而既有阶梯又有叠层笼养模式的养殖场技术效率高于阶梯笼养模式0.103 1。从不同规模来看，养殖规模在10 001~20 000只的养殖场技术效率较高，随着规模进一步扩大，技术效率呈现下降趋势。就影响而言叠层笼养模式对蛋鸡养殖技术效率有显著正向影响，高于阶梯笼养模式0.031。养殖场负责人为男性的养殖技术效率明显高于负责人为女性的养殖场，随着养殖场负责人年龄增大，技术效率呈下降趋势；随着蛋鸡养殖场收入占家庭收入的比重增高技术效率下降，有家属在城镇定居的技术效率明显高于没有家属在城镇定居的养殖场。养殖场为示范场的技术效率显著高于非示范场，采用机械化方式清粪的技术效率显著高于人工方式，以家庭为单位经营的养殖场技术效率显著高于其他组织形式。

12.2 技术评价效益的基本结论

12.2.1 蛋鸡粪污资源化利用

（1）经济效益。蛋鸡粪污资源化利用是能够获利的，而且经济效益非常明显，其中，蛋鸡粪污罐式发酵工艺加工1吨鲜鸡粪可新增经济效益80.95元，蛋鸡粪污槽式发酵及液体肥发酵的集成工艺因具体工艺的组合不同有明显差异，"蛋鸡粪污槽式发酵+液体肥发酵"加工每吨鲜鸡粪可新增经济效益489.59元，"蛋鸡粪污厌氧发酵+液体肥发酵"加工每吨鲜鸡粪可新增经济效益336.99元。

(2）投资效益。峪口公司示范场费用收益率为2.65。鉴于蛋鸡粪污为该公司自有，实际费用收益率为11.68，实际回收期为0.57年。若去除财政补贴231万元，则峪口公司示范场费用收益率为2.87。鉴于蛋鸡粪污为该公司自有，实际费用收益率为17.76；实际回收期0.09年。顺宝公司示范场费用收益率为2.07。鉴于蛋鸡粪污为该公司自有，实际费用收益率为2.61，实际回收期为3.55年。若去除财政补贴2 200万元，则顺宝公司示范场费用收益率为2.33。鉴于蛋鸡粪污为该公司自有，按照0成本计算，实际费用收益率为2.92，实际回收期2.39年。

12.2.2 蛋种鸡"叠层笼养+人工输精"模式技术集成

（1）经济效益。到2020年年底，"叠层笼养+人工输精"模式技术集成科研成果累计推广规模已达到约603万套。根据测算结果表明，该科研成果在经济效益计算年限内（2017—2025年），按年利率和贴现率10%计算，平均每年能为社会增加6 146.94万元的经济效益，9年能为社会增加大约5.53亿元的经济效益，经济效益非常明显。经测算，该科研成果投资年纯收益率达到2.62。即"叠层笼养+人工输精"模式技术集成科研成果平均每1元科研投资（在经济效益计算年限内），可为社会每年增加2.62元的经济效益（3年项目周期即为7.86元），其科研投资回报水平较高。

（2）投资效益。以大名县示范场为例，大名县示范场费用收益率为1.176。鉴于蛋鸡粪污为该集团废弃物，按照0成本计算，实际费用收益率为1.199，实际回收期2.92年，示范场可以在折旧期（15年）内收回投资。

12.2.3 商品蛋鸡高效安全饲养管理技术集成

安良示范场应用的商品蛋鸡高效安全饲养管理技术科研成果主要的新增经济效益体现在四类具体技术：即生长发育精准控制、产蛋期精细管理、生物安全管理、精准饲喂等；技术集成应用后，每只商品蛋鸡可提高产蛋量0.4千克，死淘率降低0.9%，饲料转化效率提高0.06。按照每只蛋鸡可提高产蛋量0.4千克，则每只商品蛋鸡因提高产量可新增经济效益3.44元；按照死淘率降低0.9%，则每只商品蛋鸡可减少损失0.27元；按照饲料转化效率提高0.06，则每只商品蛋鸡因节省饲料可新增经济效益2.78元。综合来看，应用"商品蛋鸡高效安全饲养管理技术"后，每只蛋鸡可新增经济效益 6.49 元。基于以上研究结论，结合蛋鸡提质增效的要求，本部分从蛋鸡养殖模式与技术效率的角度提出以下政策建议。

12.2.4 重视产业合理布局规划

随着《中华人民共和国环境保护税法》、新版《中华人民共和国水污染防治法》等系列环保文件陆续出台实施，国家环保政策对蛋鸡养殖约束越来越强。一方面要适应环保政策升级要求，更加重视生态环境保护，对蛋鸡产业布局进行合理规划调整，降低蛋鸡养殖对环境的污染；通过鼓励绿色生产方式、适度规模经营、加大技术培训等方式加快蛋鸡产业转型升级步伐。另一方面要适应环保形势变化，加快区域格局调整步伐，传统主产区养殖规模扩大，非主产区养殖迅速发展，要从全国层面把握蛋鸡产业布局规划，促进蛋鸡养殖的传统主产区、非主产区格局合理调整，助力蛋鸡产业由北向南转移。

12.2.5 提高蛋鸡养殖标准化规模化水平

未来蛋鸡产业发展要更加重视提升蛋鸡养殖标准化和规模化水平。蛋鸡养殖场户的适度规模是在一定的经济条件下，土地、资金、劳动力、营销、环境资源等要素组合最优，取得效益最佳的规模；随着技术、管理水平、生产条件等变化而调整，对于蛋鸡产业的长远发展，要从行业层面对养殖规模趋势加以引导，继续推行蛋鸡养殖的规模化和标准化发展。发展适度规模经营，有助于获得规模效益，提升养殖场的收益比重。应当在实际工作中对规模养殖场的标准化、规范化养殖进行指导，进一步落实和完善标准化示范场的建立与验收，从而进一步提高蛋鸡养殖的规模化水平。

12.2.6 加强技术研发和培训指导

在大型企业蛋鸡养殖技术方面，我国蛋鸡养殖技术处于世界领先地位，但是以家庭经营为主进行蛋鸡养殖的养殖场养殖技术和水平与发达地区差距加大，一方面需要加大适应我国蛋鸡养殖主体的技术体系研发，尽快形成一整套适应中小规模养殖户生产养殖的养殖方式，使得蛋鸡养殖行业总体技术水平得到提升，更加符合现代化生产方式要求。另一方面需要通过建立高效的农业科技推广机制，加快先进科学技术的培训推广，让更多更先进的蛋鸡养殖科学技术应用于蛋鸡养殖环节，提升蛋鸡养殖的科技支撑水平；通过建立社会化服务体系，配备专门技术人员进行专业化的技能指导，同时引导蛋鸡养殖采用更多机械化、自动化水平的设备，将更多数字化技术、信息技术不断引入蛋鸡的养殖生产，提升蛋鸡产业的可持续发展能力。

12.2.7 分级分类支持不同规模蛋鸡养殖提升技术效率

我国蛋鸡养殖行业整体技术效率不高，不同养殖规模下技术效率的变化存在差异，因此不同规模下养殖技术效率提升的路径不同。研究发现，随着规模扩大养殖技术效率呈现下降趋势，因此要强化中等规模或大规模养殖场提升技术效率，在扩大养殖规模的同时注重技术效率提升。对于小规模养殖场，养殖技术进步率相对较低，改善空间明显，小规模蛋鸡养殖户要注重效率改善；对于中规模蛋鸡养殖，相关政策应更多地向技术进步方面倾斜。提升蛋鸡养殖技术效率要加快我国叠层笼养模式应用。叠层笼养模式在养殖密度和劳动效率方面优于阶梯笼养，且1万~2万只的以家庭经营为主的养殖方式技术效率最高，要鼓励此类养殖户逐步采用叠层笼养模式进行蛋鸡养殖。另外，通过培训、发放相关材料等方式来提高养殖户的技术水平，通过配备技术员来进行专业化的技能指导，从而提高养殖户的综合素质水平。

12.2.8 实现大数据与蛋鸡产业深度融合

积极推动互联网、大数据、人工智能和蛋鸡产业深度融合，构建中国蛋鸡行业微观和宏观生态圈，引领蛋鸡产业向智能畜牧转型升级。聚集全产业优势资源，提供线上线下一体化服务，解决养殖户在养殖过程中的"痛点"和"难点"。

主要参考文献

白水莉,2009.饲养密度和环境富集材料对肉鸡福利状况、生产性能和肉品质的影响[D].扬州:扬州大学.

崔姹,王明利,2017.温室气体排放约束下奶牛规模养殖环境效率及全要素生产率分析[J].农村经济(12):30-36.

崔孟宁,朱美玲,李柱,等,2014.基于DEA-Malmquist指数新疆肉牛产业全要素生产率研究[J].新疆农业科学,51(2):363 369.

崔晓,张屹山,2013.中国农业环境效率与环境全要素生产率分析[J].中国农村经济(8):4-16.

丁志超,张沙沙,2016.基于SFA中国蛋鸡养殖成本效率测度与分析[J].广东农业科学,43(10):147-154.

方国柱,祁春节,雷权勇,2019.我国柑橘全要素生产率测算与区域差异分析——基于DEA-Malmquist指数[J].中国农业资源与区划(3):29-34.

高承芳,2019.饲养方式对鸡蛋、鸡肉品质的影响[J].畜牧兽医科技信息(10):16-17.

高玉鹏,2009.透析我国蛋鸡产业面临的几个重大问题之三——蛋鸡产业面临的风险复杂多变[J].中国畜牧杂志(24):6-9.

宫凤鸣,倪新峰,2018.我国畜牧业如何转型升级提质增效形成现代畜牧业[J].南方农机,49(14):75.

顾荣,王克华,施寿荣,等,2010.不同饲养方式对蛋鸡生产性能和蛋品质的影响[J].家禽科学(8):10-12.

郭伟,2018.不同饲养方式对淘汰期蛋鸡肉用性能及血浆生化指标的影响[D].扬州:扬州大学.

韩振,杨春,赵馨馨,2019.生态补奖机制下牧区肉羊养殖全要素生产率分析［J］.农业技术经济（11）：116-126.

何悦,漆雁斌,2019.城镇化发展对粮食生产技术效率的影响研究——基于我国13个粮食主产区的面板数据［J］.中国农业资源与区划（3）：101-110.

侯国庆,2017.环境规制视角下的农户蛋鸡养殖适度规模研究［D］.北京：中国农业大学.

侯国庆,马骥,2014.泰国畜禽规模养殖与环境保护协调发展的经验［J］.世界农业（7）：139-142.

侯国庆,马骥,2017.我国农户家禽规模化养殖发展现状及特征分析——以蛋鸡为例［J］.农业经济（9）：9-11.

匡远凤,彭代彦,2012.中国环境生产效率与环境全要素生产率分析［J］.经济研究,47（7）：62-74.

李保明,2019.畜禽养殖数字化技术装备［J］.兽医导刊（15）：9.

李丹,罗静如,ZoeKay,2019.如何确保无笼饲养蛋鸡生产的成功［J］.国外畜牧学（猪与禽）,39（12）：43-45.

李谷成,冯中朝,占绍文,2008.家庭禀赋对农户家庭经营技术效率的影响冲击：基于湖北省农户的随机前沿生产函数实证［J］.统计研究,25（1）：35-42.

李杰,胡向东,王玉斌,2019.生猪养殖户养殖效率分析——基于4省277户养殖户的调研［J］.农业技术经济（8）：29-39.

李俊茹,王明利,杨春,等,2019.中国肉牛产业全要素生产率的区域差异与影响因素——基于2013—2017年15省区的面板数据［J］.湖南农业大学学报（社会科学版）,20（6）：46-55.

李俊营,陈红,姜润深,2019.肉鸡养殖福利的评价方法与影响因素研究进展［J］.中国家禽,41（24）：1-7.

李群,李新,2008.我国家禽饲养历史考［J］.中国家禽（23）：5-8.

李莎莎,朱宁,马骥,2018.我国蛋鸡专业化育成发展的现状、困境及对策建议［J］.中国家禽,40（19）：1-5.

李硕,马骥,2017.消费者对品牌鸡蛋的溢价支付意愿研究［J］.价格理论与实践（9）：45-48.

李霞,2019.影响蛋鸡产蛋高峰期主要因素及预防措施［J］.山东畜牧兽医,40（12）：42-43.

李英，2018.加快推进供给侧改革，实现肉鸡产业提质增效、转型升级[J].北方牧业（11）：22.

李跃杰，2019.浅谈蛋鸡养殖增产增效技术[J].山东畜牧兽医，40（10）：25-26.

李志民，2019.提高蛋鸡产蛋率的综合有效措施[J].现代畜牧科技（8）：47-48.

梁剑宏，刘清泉，2014.我国生猪生产规模报酬与全要素生产率[J].农业技术经济（8）：44-52.

林源，马骥，2013.农户粮食生产中化肥施用的经济水平测算——以华北平原小麦种植户为例[J].农业技术经济（1）：25-31.

林源，马骥，秦富，2012.中国畜禽粪便资源结构分布及发展展望[J].中国农学通报，28（32）：1-5.

刘平，2015.2015年蛋鸡市场走势和产业发展趋势分析[J].北方牧业（4）：10.

刘森挥，2019.我国肉牛养殖业全要素生产率变动及提升路径研究[D].长春：吉林农业大学.

刘淑梅，2019.蛋鸡各阶段的饲养和管理方法[J].现代畜牧科技（8）：44-45.

刘晓静，2019.蛋鸡无笼饲养管理技术要点[J].养殖与饲料（6）：39-40.

刘仲华，2018.科技创新助力中国茶业提质增效与转型升级[J].茶世界（9）：41-46.

卢元鹏，2018.不同养殖设备对蛋鸡养殖生产效率及效益影响调查[J].畜牧兽医科技信息（10）：133-134.

罗必良，汪沙，李尚蒲，2012.交易费用、农户认知与农地流转——来自广东省的农户问卷调查[J].农业技术经济（1）：11-21.

马骥，杨皓天，2018.城镇居民鸡蛋品牌转换行为及其影响因素分析——以北京市为例[J].黑龙江畜牧兽医（14）：21-25.

马有祥，2017.全力推进转型升级加快建设现代畜牧业[J].中国畜牧兽医文摘，33（1）：1-2.

冒留留，石素梅，顾伟程，等，2019.蛋鸡层叠式与阶梯式笼养模式生产效益对比研究[J].山西农经（16）：96，98.

冒留留，石素梅，周亚俊，等，2019.高密度层叠式笼养模式后备蛋鸡饲养管理要点［J］.江西农业（18）：58-59.

宁中华，2014.我国蛋鸡业未来发展的主基调［J］.中国禽业导刊（8）：32-35.

农博网，2019.美国加利福尼亚州禁止笼养产蛋鸡［J］.农村新技术（2）：37.

欧春梅，2019.基于农户视角的苹果产业组织技术效率比较研究［D］.杨凌：西北农林科技大学.

潘丹，曹光乔，2011.中国蛋鸡生产布局优化研究——基于比较优势的实证分析［J］.中国农业资源与区划（2）：68-74.

潘丹，曹光乔，秦富，2013.基于随机前沿分析的中国蛋鸡生产技术效率研究［J］.江苏农业科学，41（6）：389-392.

庞瑞芝，李鹏，2011.中国新型工业化增长绩效的区域差异及动态演进［J］.经济研究，46（11）：36-47，59.

秦富，马骥，赵一夫，2010.中国蛋鸡产业经济（2010）［M］.北京：中国农业出版社.

曲田桂，周卫斌，2011.层叠式蛋鸡笼养模式与阶梯式笼养模式生产效益比较［J］.北方牧业（11）：14.

屈建莉，2019.H型笼蛋鸡饲养管理关键技术［J］.畜牧兽医科学（电子版）（16）：102-103.

申秋红，王济民，2008.我国禽蛋消费水平及影响因素的实证分析［J］.中国食物与营养（4）：33-36.

石自忠，王明利，2019.我国牧草产业全要素生产率［J］.草业科学，36（11）：2971-2979.

石自忠，王明利，胡向东，等，2017.我国肉牛养殖效率及影响因素分析［J］.中国农业科技导报，19（2）：1-8.

世界动物保护协会，2019.肉鸡高福利养殖经济可行［J］.家禽科学（9）：50.

宋长青，刘聪粉，王晓军，2014.中国绿色全要素生产率测算及分解：1985—2010［J］.西北农林科技大学学报（社会科学版），14（3）：120-127.

孙从佼，秦富，杨宁，2018.2017年蛋鸡产业发展情况、未来发展趋势

及建议 [J]. 中国畜牧杂志, 54 (3): 126-131.

孙从佼, 秦富, 杨宁, 2019.2018 年蛋鸡产业发展概况、未来发展趋势及建议 [J]. 中国畜牧杂志, 55 (3): 119-123.

孙从佼, 朱宁, 秦富, 等, 2020.2019 年蛋鸡产业发展概况、未来发展趋势及建议 [J]. 中国畜牧杂志, 56 (3): 144-150.

孙岩, 2018.行情剧烈变化, 蛋鸡产业竞争格局将加剧 [J]. 中国畜牧杂志, 54 (2): 144-147.

孙瑜, 于茜, 鹿永华, 2019.新技术采纳与技术效率差异研究——基于苹果主产区小农户与大农户的比较 [J]. 林业经济, 41 (10): 89-96.

孙致陆, 肖海峰, 2013.农牧户羊毛生产技术效率及其影响因素研究——基于内蒙古、新疆等 5 省份农牧户调查数据的分析 [J]. 农业技术经济 (2): 86-94.

唐娅楠, 薛凤蕊, 2015.河北省蛋鸡规模养殖效率与技术进步研究 [J]. 家畜生态学报, 36 (8): 70-74.

滕玉华, 刘长进, 刘小春, 2016.中国大规模生猪养殖全要素生产率变化及其收敛性研究 [J]. 农林经济管理学报, 15 (2): 198-203.

万文龙, 俸艳萍, 龚炎长, 等, 2019.不同饲养密度对地面平养蛋鸡福利状况和生产性能的影响 [J]. 中国家禽, 41 (19): 39-45.

万意, 司绍宏, 姜润深, 等, 2014.层叠式和阶梯式笼养蛋鸡产蛋性能和免疫效果比较 [J]. 中国家禽, 36 (11): 44-45.

王琛, 何忠伟, 高然, 等, 2012.我国生猪生产技术效率分析——基于DEA 模型的实证研究 [J]. 农业展望, 8 (2): 42-45, 50.

王静静, 2019.提高产蛋鸡生产性能的综合措施 [J]. 现代畜牧科技 (1): 31-32.

王凯, 姜昊昊, 吕艳, 等, 2019.基于深度学习的笼养蛋鸡行为实时检测方法 [J]. 中国农业大学学报, 24 (11): 123-133.

王龙, 2015.饲养密度对层叠笼养蛋鸡生产性能以及福利影响 [D]. 大庆: 黑龙江八一农垦大学.

王强, 童海兵, 2018.蛋鸡养殖福利的影响因素与评价方法研究进展 [J]. 中国家禽, 40 (10): 40-45.

王术坤, 杨国蕾, 刘长全, 2019.DHI 测定对我国奶牛养殖技术效率的影响——基于 2008—2017 年成本收益数据分析 [J]. 价格理论与实践（7）：132-135.

王维国，范丹，2012.中国区域全要素能源效率收敛性及影响因素分析——基于Malmquist-Luenberger指数法［J］.资源科学，34（10）：1816-1824.

王雪娇，2018.中国肉羊生产的经济效率研究［D］.北京：中国农业大学.

魏祥法，张焕忠，董以雷，等，2017.层叠式蛋鸡笼养饲养管理要点［J］.家禽科学（8）：25-28.

武嘉平，高振江，2006.影响鸡蛋价格的因素分析［J］.中国家禽，28（15）：42-45.

武玉环，朱宁，秦富．［2020-04-08］.我国蛋鸡养殖适度规模研究——基于5省实地调研数据［J/OL］.中国农业资源与区划：1-10.

熊飞，2019.茶叶产业需要转型升级、提质增效［J］.科学种养（3）：7-8.

徐刚，2011.自动化蛋鸡舍环境控制研究［A］//中国畜牧业协会禽业分会、国家蛋鸡产业技术体系.第五届（2011）中国蛋鸡行业发展大会会刊［C］.331-336.

徐梦，2018.山东省不同规模蛋鸡养殖效益及全要素生产率分析［J］.农业展望，14（10）：41-46.

徐梦，2019.规模以上蛋鸡养殖成本收益及全要素生产率分析［J］.黑龙江畜牧兽医（6）：15-20.

许荣，肖海峰，2019.技术采用对畜牧业生产技术效率的影响效应分析——基于4省细毛羊养殖户的实证分析［J］.中国农业大学学报，24（5）：214-223.

许颖珏，2019.饲养方式对太行鸡和坝洛杂交鸡胴体性状和蛋（肉）品质的影响研究［D］.保定：河北农业大学.

严中成，2019.蛋鸡高效养殖措施探讨［J］.中国畜禽种业，15（12）：162-163.

杨朝武，蒋小松，杜华锐，等，2013.设施畜牧业发展前景分析［J］.基层农技推广，1（5）：11-14.

杨帆，2019.蛋鸡规模化养殖管理措施［J］.养殖与饲料（10）：40-41.

杨国梁，刘文斌，郑海军，2013.数据包络分析方法（DEA）综述［J］.系统工程学报（6）：840-860.

杨皓天，马骥，2019.标准化养殖场的环境投资及其示范效应——基于内生转换模型及空间自相关模型的实证分析［J］.华中农业大学学报（社会科学版）（6）：97-105，164.

杨皓天，马骥，2019.我国蛋鸡养殖规模演进中的技术效率动态变化——基于 Meta-Frontier 方法的测算［J］.中国农业大学学报，24（10）：209-218.

杨皓天，马骥，2020.环境规制对养殖场生态效率的影响研究——基于SFA方法及门限回归的实证分析［J］.干旱区资源与环境，34（1）：27-33.

杨皓天，马骥.［2020-03-25］.环境规制下养殖户的环境投入行为研究——基于双栏模型的实证分析［J/OL］.中国农业资源与区划：1-11.

杨丽丽，苑清国，姜海，2016.蛋鸡层叠式与阶梯式笼养模式生产效益的对比［J］.现代畜牧兽医（5）：18-23.

杨宁，2015.2014年我国蛋鸡产业状况及发展趋势［J］.中国畜牧杂志，51（2）：32-37.

杨宁，2016.我国蛋鸡行业形势分析与展望［J］.家禽科学（2）：3-7.

杨宁，2017.蛋鸡产业要从增量发展转向提质增效［J］.甘肃畜牧兽医，47（2）：24-25.

杨宁，2017.我国家禽品种国产化的成就、挑战与机遇［J］.中国畜牧杂志，53（1）：119-124.

杨宁，秦富，徐桂云，等，2014.我国蛋鸡养殖规模化发展现状调研分析报告［J］.中国家禽（7）：2-9.

张纯洪，刘海英，2012.中国经济全要素生产率的环境敏感性分析［J］.经济学家（8）：66-71.

张菲，卫龙宝，2013.我国奶牛养殖规模与原料奶生产效率研究——基于DEA-Malmquist方法的实证［J］.农业现代化研究，34（4）：491-495.

张领先，孙媛，刘雪，等，2013.基于Malmquist-DEA模型的北京家禽产业生产效率与技术进步评价［J］.科技管理研究，33（3）：24-28.

张银庭，2019.蛋鸡养殖过程中营养调控技术［J］.中国畜禽种业，15（12）：154.

张振, 乔娟, 2012.中国生猪优势产区规模猪场生产效率研究 [J]. 西安财经学院学报, 25 (4): 39-45.

赵一夫, 马骥, 曹光乔, 等, 2012.中国蛋鸡产业发展分析及政策建议 [J]. 中国家禽, 34 (12): 6-10.

赵一夫, 秦富, 2015.蛋鸡养殖规模效率及其影响因素分析 [J]. 中国农业大学学报, 20 (3): 291-298.

郑德凤, 郝帅, 孙才志, 2018.基于 DEA-ESDA 的农业生态效率评价及时空分异研究 [J]. 地理科学, 38 (3): 419-427.

周丽, 2019.H 型笼蛋鸡饲养管理关键技术 [J]. 畜牧兽医科学 (电子版) (5): 90-91.

周荣柱, 贾伟, 2016.农户市场预判能力及其影响因素分析——基于 8 省 1047 个农户样本调查 [J]. 农村经济 (5): 68-73.

周荣柱, 秦富, 2016.蛋鸡生产与鸡蛋价格动态变化关系 [J]. 中国农业大学学报, 21 (10): 145-154.

周荣柱, 秦富, 2016.我国蛋鸡产业面临的市场风险及规避措施 [J]. 中国食物与营养, 22 (9): 20-25.

周荣柱, 秦富, 2018.农户市场风险规避能力及其影响因素分析——基于 8 省 1047 份蛋鸡养殖户问卷调查 [J]. 中国农业大学学报, 23 (2): 182-191.

周玉双, 2019.蛋鸡产蛋期饲养管理 [J]. 畜牧兽医科学 (电子版) (20): 94-95.

朱国安, 许殿明, 2016.规模化商品蛋鸡场不同笼养设备优缺点分析 [J]. 科学种养 (3): 41-42.

朱宁, 秦富, 2014.畜禽粪便清理对规模养殖场生产效率的影响分析 [J]. 农业技术经济 (5): 4-12.

朱宁, 秦富, 2015.机械化对蛋鸡规模养殖技术效率的影响 [J]. 农业工程学报, 31 (22): 63-69.

朱宁, 秦富, 2015.畜禽规模养殖场环境效率与环境全要素生产率分析——以蛋鸡为例 [J]. 农业技术经济 (9): 86-98.

朱宁, 秦富, 2016.环境内生条件下畜禽规模养殖效果分析——以蛋鸡为例 [J]. 农村经济 (1): 50-56.

朱宁, 秦富, 2017.蛋鸡养殖污染治理投入与适度规模分析——基于 5

省规模养殖户的调研 [J]. 湖南农业大学学报（社会科学版），18（3）：7-12.

朱宁，秦富，2019.蛋鸡规模养殖全要素生产率测度与分析 [J]. 中国家禽，41（9）：77-80.

朱宁，秦富，马骥，2015.蛋鸡规模养殖环境评估及治理对策分析 [J]. 中国农业大学学报，20（3）：258-263.

朱一鸣，李莎莎，朱宁，等，2019.风险感知、多元化销售策略决策与蛋鸡养殖规模 [J]. 中国农业大学学报，24（11）：241-249.

朱一鸣，马骥，李莎莎，等，2019.蛋鸡养殖户专业化育成鸡选择行为分析 [J]. 农业技术经济（5）：99-109.

祝丽云，李彤，赵慧峰，2018.环境约束下中国乳业供应链全要素生产率测算及其影响因素分析 [J]. 农业技术经济（10）：124-134.

左永彦，彭珏，封永刚，2016.环境约束下规模生猪养殖的全要素生产率研究 [J]. 农村经济（9）：37-43.

Hester P Y, 2005.Impact of science and management on the welfare of egg laying strains of hens [J]. Poultry Science, 84 (5): 687-696.

Jones D R, Cox N A, Guard J, et al., 2015.Microbiological impact of three commercial laying hen housing systems [J]. Poultry Science, 94 (3): 544-551.

Michel V, Huonnic D, 2003. A comparison of welfare, health and production performance of laying hens reared in cages or in aviaries [J]. British poultry science, 44 (5): 775.

Sohn S H, Jang I S, Son B R, 2011.Effect of housing systems of cage and floor on the production performance and stress response in layer [J]. Korean Journal of Poultry Science, 38 (4): 130-136.

Weeks C A, Lambton S L, Williams A G, et al., 2016.Implications for welfare, productivity and sustainability of the variation in reported levels of mortality for laying hen flocks kept in different housing systems: A meta-analysis of ten studies [J]. Plos One, 11 (1): e0146394.

Wouterse F, 2017.The role of empowerment in agricultural production: evidence from rural households in Niger [J]. Journal of Development Studies (1): 16.

附录　调查问卷

尊敬的被调查者：

您好！

此次调查的主要目的是研究蛋鸡养殖的提质增效路径，我们将向您询问一些家庭经营及成本收益的相关问题，本调查仅限于学术研究，并郑重向您承诺我们将对您的个人信息严格保密，请您根据鸡场的实际情况，在符合的现象中打勾（√），遇到_____线或者空格处填写相应内容，衷心感谢您对我们工作的支持和配合，谢谢！

蛋鸡规模养殖场（户）生产经营调查问卷

调查地点：省（市、自治区）：_____
　　　　　地级市：_____
　　　　　县（市、区）：_____
　　　　　街道/乡/镇：_____
　　　　　村：_____

被访问者姓名：_____　　联系电话：_____
调查员姓名：_____　　　调查日期：_____

A. 家庭基本情况表

A01	家庭劳动力结构	家庭人口总数_____人；劳动力_____人；其中农业劳动力_____人。（注：劳动力为18~65周岁的人口）
A02	家庭成员年龄结构	0~14岁_____人；15~64岁_____人；65岁及以上_____人
A03	婚姻结构	已婚_____对；未婚_____人
A04	家庭成员受教育状况	大专及以上_____人；高中（中专）_____人；初中_____人；小学_____人；小学以下_____人
A05	是否有家庭成员定居城镇？_____	1=是　　2=否
A06	社会网络特征	亲戚家庭数量_____户（注：直系亲属的户数）
A07	家庭非农劳动力务工地点	本村_____人；村外县内_____人；县外省内_____人；省外_____人
A08	您家未从事蛋鸡养殖的劳动力，未来是否有可能加入蛋鸡养殖	1=是　　2=否
A09	2018年家庭收入状况	总收入_____元，其中：外出务工收入_____元，种植业收入_____元，畜牧业收入_____元，政府补贴收入_____元
	2017年家庭收入状况	总收入_____元，其中：外出务工收入_____元，种植业收入_____元，畜牧业收入_____元，政府补贴收入_____元
A10	家庭主要净收入来源（可多选）	1=种植业　2=养殖业　3=务工　4=经商　5=其他_____
A11	您家蛋鸡养殖收入	2018年为_____元，2017年为_____元
A12	请您评价在本村，您的家庭收入大致处于什么水平？	1=上等　2=中上等　3=中等　4=中等以下
A13	您对目前家庭收入的满意程度？	1=非常满意　2=满意　3=一般　4=不满意　5非常不满意
A14	您（家庭）是否还打算继续养殖蛋鸡？	1=是　2=否
A15	您是否为家庭生产决策者？	1=是　2=否（若回答"否"，请注意下方填写生产决策者信息，若为共同决定，请填写两列信息）
A16	您家现在土地使用情况	可用_____亩，其中自家_____亩，租入_____亩，流出_____亩

B. 生产决策者情况表

B01	性别	1=男 2=女	1=男 2=女
B02	年龄	_____岁（周岁）	_____岁（周岁）
B03	婚姻状况	1=已婚 2=未婚 3=离异 4=丧偶	1=已婚 2=未婚 3=离异 4=丧偶
B04	户口类型	1=农业 2=非农	1=农业 2=非农
B05	是否是户主	1=是 2=否	1=是 2=否
B06	学历	1=小学以下；2=小学；3=初中；4=高中（中专）；5=大专及大学；6=硕士，7=博士	1=小学以下；2=小学；3=初中；4=高中（中专）；5=大专及大学；6=硕士，7=博士
B07	健康状况	1. 较好 2. 一般 3. 较差	1. 较好 2. 一般 3. 较差
B08	就业类型	1=务农 2=务工 3=兼业 4=上班 5=其他	1=务农 2=务工 3=兼业 4=上班 5=其他
B09	就业地点	1=本县 2=本省外县 3=外省	1=本县 2=本省外县 3=外省
B10	在外务工年限	_____年	_____年
B11	是否是干部	1=是 2=否	1=是 2=否

C. 蛋鸡养殖场基本信息

C1. 养殖场信息

鸡场名称		地址：	
鸡场成立时间		鸡场占地面积	_____（亩）
技术人员	_____（固定）/_____（临时）	饲养人员	_____（固定）/_____（临时）

C2. 固定资产投入

固定资产投入	数量	构建或购买年份	原值（元）	补贴	维修费（元/年）	预计使用年限（从2019年起）
鸡舍（栋）						
笼具（组）						
饮水设施（套）						

(续表)

固定资产投入	数量	构建或购买年份	原值（元）	补贴	维修费（元/年）	预计使用年限（从2019年起）
喂料设施（套）						
集蛋设备（套）						
风机（个）						
排风扇（个）						
降温设备（个）						
加温设备（个）						
刮粪板（套）						
传送带（套）						

注：填写鸡舍的投入情况和笼具采购总额

C3. 蛋鸡养殖情况

C01	养殖模式	1＝阶梯笼养　2＝叠层笼养　3＝地面平养　4＝网上平养　5＝其他_____
C02	养殖方式	1＝散养　2＝半舍饲养殖　3＝舍饲平养　4＝舍饲笼养　5＝福利养殖
C03	经营主体类型	1＝企业　2＝养殖户
C04	经营主体形式	1＝家庭独立经营　2＝合伙经营　3＝股份合作　4＝联户经营
C05	是否有养殖执照	1＝是　2＝否
C06	此养殖场是否是标准化示范场	1＝是　2＝否　（注：判断标准为是否颁有相应牌照）
C07	若是，则是_____标准化示范场	1＝国家级　2＝省级　3＝市级　4＝县级
C08	从事蛋鸡养殖时间	（累计）：_____年
C09	养殖资金来源	1＝自家储蓄　2＝向亲戚朋友借钱　3＝银行信用社等借贷　4＝政府补贴　5＝其他____（可多选）____
C10	当前养殖品种	1＝海兰褐（灰）　2＝罗曼褐（粉）　3＝尼克粉　4＝京红（粉、白）　5＝农大3号　6＝金凤　7＝大午粉　8＝地方土鸡　9＝其他_____
C11	蛋鸡饲养周期	蛋鸡平均饲养_____周或_____月
C12	蛋鸡产量	每只蛋鸡一个饲养周期平均产蛋量_____千克
C13	主要饲喂饲料类型	1＝全价饲料　2＝自配饲料（外购预混料、浓缩料+玉米等）
C14	鸡蛋销售渠道	1＝合同企业收购　2＝小贩收购　3＝集市批发/零售　4＝专供超市　5＝其他_____

(续表)

C15	鸡蛋销售残损率	1=1%以下　2=1%~3%　3=3%~5%　4=5%以上
C16	淘汰鸡销售渠道	1=合同企业收购　2=小贩收购　3=集市批发/零售　4=供趋市　5=其他_____
C17	蛋鸡养殖场的设计规模	_____万只
C18	目前蛋鸡总存栏	_____万只
C19	目前产蛋鸡存栏	1=2 000只以下　2=2 000~4 999只　3=5 000~9 999只　4=1万~5万只　5=5万~10万只　6=10万~50万只　7=50万只以上
C20	除养殖和出售鸡蛋外，是否还有如下业务?_____（可多选）	1=育雏并出售雏鸡　2=饲料加工销售　3=销售兽药　4=鸡蛋加工　5=淘汰鸡加工　6=废弃物加工与出售

C4. 养殖场的生产经营等情况

C21	养鸡场占地面积	养鸡场占地面积：_____亩，其中养殖区域面积_____亩
C22	此养殖场所在位置	(1) 距离最近的民房_____米； (2) 距离最近的生活用水水源地_____米，注：若自己打井，填写0米； (3) 距离最近的乡/镇政府有_____米
C23	此养殖区是否有以下区域	1=生活区　2=育雏区　3=生产区/养殖区　4=办公区　5=原料区　6=消毒区　7=更衣区　8=鸡粪处理区　9=蛋库区
C24	您是否参加蛋鸡养殖合作社、协会等组织?	1=是 该组织的名称是_____，您已经参加了_____年；2=否
C25	如果参加了，该组织提供的服务有哪些?	1=统一销售　2=提供技术培训和指导　3=统一采购饲料　4=统一防疫　5=提供贷款担保　6=其他服务_____
C26	如果没有参加，主要原因是?	1=当地没有该组织　2=当地有该组织，但不完善　3=参加该组织需缴纳较高的费用　4=参加该组织作用不大　5=其他原因_____
C27	您是否与畜禽龙头企业签订合作协议?	1=是 该企业的名称是_____，签约已经有_____年；2=否
C28	如果签订了合作协议，合作内容有哪些?	1=企业投资建鸡舍　2=企业提供培训和指导　3=企业提供鸡苗　4=企业提供饲料　5=企业统一防疫　6=企业收购产品
C29	您平均隔多少天出售一次鸡蛋?	夏季_____天；冬季_____天
C30	您认为商定鸡蛋价格的难易程度?	1=很容易　2=较容易　3=一般　4=较难　5=很难
C31	您感觉回收鸡蛋货款的难易程度?	1=很容易　2=较容易　3=一般　4=较难　5=很难
C32	养殖场的鸡蛋销售方式?	1=小贩收购　2=市场交易　3=定点销售　4=合作社销售　5=网络销售

(续表)

C33	鸡蛋价格与市场价格相比	1=高于市场价 2=市场价格 3=低于市场价格
C34	鸡蛋销售是否有品牌？	1=是，该品牌是_____；2=否

C5. 养殖过程中的生产要素采购方式

年份	2017 年			2018 年		
项目	鸡苗采购	饲料采购	疫苗采购	鸡苗采购	饲料采购	疫苗采购
采购数量						
1. 无固定渠道						
2. 有固定渠道（口头约定）						
3. 有固定渠道（合同约定）						
4. 养殖小区或合作社统一采购						
主要渠道比重						

注意：采购数量，直接填写；具体方式直接打√；主要渠道填写数字

D. 养殖场设施设备情况

一、笼舍系统		
D01	鸡舍类型	1=专门建造，2=老房改造，3=租赁，4=其他（请注明）_____ 1=开放式____栋，2=半开放式____栋，3=封闭式____栋，4=其他____栋
D02	鸡舍地势/位置	平地____栋，坡地____栋，山顶____栋，山沟____栋，其他____栋 地上____栋，地下____栋，半地下____栋，其他（请注明）____栋
D03	鸡舍布局	鸡舍面积：(1) 长____米×宽____米；(2) 长____米×宽____米；(3) 长____米×宽____米；(4) 长____米×宽____米 后备鸡笼具结构：1=阶梯式____层，2=层叠式____层；3=其他（请注明）____ 产蛋鸡笼具结构：1=阶梯式____层，2=层叠式____层；3=其他（请注明）____
D04	鸡蛋收集方式	1=人工收集，2=自动集蛋，3=裂纹蛋检测设备，4=其他设备（请注明）____

(续表)

二、饲喂系统		
D05	饲养方式	1=全进全出，2=多批不同生长时期的蛋鸡，3=其他（请注明）_____
D06	喂料设备	人工：1=料桶/料盘，2=长形食槽，3=料车/喂料撮子；机械：1=行车式，2=斗式，3=播种机式，4=链板式，5=绞龙式，6=螺旋式，7=其他（请注明）
D07	饲料来源	1=购买全价饲料，2=采购主要原料加工，3=部分外购，外购比例约_____%
三、饮水系统		
D08	饮水方式	1=球阀式，2=乳头式，3=槽式，4=杯式，5=真空，6=其他（请注明）_____
D09	饮水水源	1=自备井，2=自来水；是否有净水设备：1=是，2=否
D10	饮水计量	是否有水表：1=是，2=否；若有水表，_____个/栋
四、清粪（冲洗）系统		
D11	清粪方式/设备	1=人工清粪，2=刮板清粪，3=传送带清粪，4=垫料，5=其他_____
D12	除臭/除尘措施	是否有除臭措施：1=是，2=否；若有，1=生物菌剂，2=滤膜，3=其他_____ 是否有除尘、羽毛措施：1=是，2=否；若有，请注明_____
D13	舍内清洗频率	_____次/天，或_____次/月
D14	清洗设备	是否有专门清洗设备：1=是，2=否；若有，名称_____型号_____厂家_____
D15	清污分流	是否采取清污分流：1=是，2=否；若有，清污分流方式_____
五、环境（温度）控制系统		
D16	温湿控制	蛋鸡舍平均温度_____℃，平均湿度_____%或克/平方米；平均光照时间_____小时/天 是否采用节能光照设备：1=是，2=否；控制方式：1=人工，2=自动
D17	通风方式/设备	方式：1=自然通风，2=机械纵向，3=机械横向，4=其他（请注明）_____ 设备：1=风扇，2=轴流风机，3=屋顶风机，4=其他（请注明）_____ 设备名称_____型号_____ 厂家_____
D18	降温方式/设备	方式：1=自然通风，2=风扇，3=风机，4=水空调，5=湿帘，6=喷雾，7=其他_____ 设备名称_____型号_____ 厂家_____

（续表）

D19	保温方式/设备	方式：1=自然保温，2=燃煤，3=水暖，4=电暖，5=气暖，6=地暖，7其他_____ 设备：1=保温伞，2=煤炉，3=热风炉，4=暖气，5=其他（请注明）_____
D20	消毒方式	1=人工，2=高压清洗机，3=高压喷雾机，4=超声雾化机，5=臭氧消毒机，6其他_____
D21	其他环保设施	是否有其他环保设施：1=是，2=否 设备名称_____ 型号_____ 厂家_____
D22	能源消耗情况	养殖场用电消耗：当地电价_____元/度，夏季_____度/月，冬季_____度/月 养殖场用水消耗：_____吨/月，当地水价_____元/吨 养殖场燃气消耗：_____立方米/月，当地燃气价_____元/立方米
六、粪污设施情况		
D23	干湿分离/产量	粪污是否进行干湿分离：1是，2否 粪污若有干湿分离，固粪年产生量：_____吨/年 污水年产生量：_____吨/年
D24	处理工艺/设施	污水处理方式或工艺_____是否有污水处理设施：1是，2否 污水处理设施投运时间_____年_____月 污水处理设施规模_____吨/天
D25	处理设施投入	污水处理设施投资：_____万元 年运行费用：_____万元/年 污水处理设施是否有国家资金支持：1是，2否 支持额度_____万元 项目名称_____
D26	雨污分离/防渗	养殖场是否设置雨污分离：1是，2否 干粪储存设施是否防雨防渗：1是，2否
D27	排污去向	养殖场是否设置排污口：1是，2否 废水排放去向（收纳水体）：_____
D28	储粪池面积	干粪场或粪便储存池体积_____立方米；污水/尿液储存池_____立方米；厌氧池_____立方米；好氧池_____立方米
七、粪污综合利用情况		
D29	三沼利用	养殖场是否产生沼气：1是，2否 沼气利用方式：_____ 沼液去向：_____ 配套农田使用面积：_____ 干粪、沼渣、发酵床垫料去向：1农田利用；2生产有机肥；3其他_____
D30	有机肥利用	有机肥厂名称：_____产能：_____吨/年

E. 蛋鸡养殖场的成本收益情况

E1. 2017年、2018年养鸡场费用和用工情况

项　　目	2017年		2018年	
	单价	使用量	单价	使用量
物质与服务费				
1. 鸡苗进价（元/只）				
2. 饲料费用（元/吨）				
配合饲料（元/吨）				
3. 饲料加工费（元/吨）				
4. 水费（元/吨）				
5. 燃料动力费				
电费（元/度）	—		—	
煤费（元/吨）	—		—	
其他燃料动力费	—		—	
6. 医疗防疫费	—		—	
7. 死亡损失费	—		—	
8. 技术服务费	—		—	
9. 工具材料费	—		—	
10. 修理维护费	—		—	
11. 其他直接费用（培训等）	—		—	

E2. 间接费用

间接费用	2017年	2018年
保险费		
管理费		
销售费		

E3. 养鸡场产出情况

年份	鸡蛋产量	鸡蛋价格	淘汰鸡数量（只/年）	淘汰鸡价格（元/只）	鸡粪产量（立方米/年）	鸡粪价格（元/立方米）
2018年						
2017年						

E4. 其他成本

人工成本	2017 年	2018 年
家庭用工折价		
家庭用工人数	（男_____/女_____）人	（男_____/女_____）人
家庭每月用工人数	（男_____/女_____）人	（男_____/女_____）人
每天鸡场工作时间	（男_____/女_____）时	（男_____/女_____）时
劳动日工价折价	（男_____/女_____）元/天	（男_____/女_____）元/天
雇工费用		
平均每月雇工天数		
雇工人数	（固定_____/临时_____）人	（固定_____/临时_____）人
雇工工价	（固定_____/临时_____）元/天	（固定_____/临时_____）元/天
土地成本		
土地租金（元/亩）		
资金成本		
贷款利息		
其他成本		

F. 养鸡场的外部环境

F01	您对当前的蛋鸡养殖技术水平的评价？	1=很好　2=一般　3=很差
F02	近三年，此养殖场是否接受过蛋鸡养殖技术的指导或者培训？	1=是　2=否，若是，每年参加次数为_____，培训的具体内容是：_____
F03	若是，技术培训的组织方是？	1=政府技术推广部门　2=产业协会　3=合作社　4=龙头企业　5=其他
F04	培训（指导）的效果怎么样？	1=完全没有效果　2=不太有效果　3=效果一般　4=比较有效　5=非常有效
F05	培训（指导）对您采用蛋鸡养殖技术或者设备使用的影响程度？	1=非常有　2=比较有　3=一般　4=有一点　5=完全没有
F06	村内是否有企业经营？	1=是，有_____个，2=否
F07	本村到县城中心交通状况？	1=非常好　2=比较好　3=一般　4=比较差　5=非常差
F08	本村到县城中心的距离？_____	1=小于 10 千米　2=11~30 千米　3=31~50 千米　4=50 千米以上

若既有阶梯笼养又有叠层笼养,请填写

项目	叠层笼养	阶梯笼养	备注
鸡舍面积	_____平方米	_____平方米	
最大饲养量	_____只	_____只	
目前存栏量	_____只	_____只	
每只蛋鸡一个饲养期平均产蛋量	_____千克	_____千克	
鸡舍建设成本	_____元/栋	_____元/栋	
笼具成本	_____元/栋	_____元/栋	
人工投入	_____人 _____时/(人·天)	_____人 _____时/(人·天)	
用电	夏季_____度/月 冬季_____度/月	夏季_____度/月 冬季_____度/月	
预计使用年限	_____年	_____年	
设备维修费用	_____元/年	_____元/年	
降温处理评价	叠层效果更好=1	阶梯效果更好=2	
清洗便利性	叠层效果更好=1	阶梯效果更好=2	
消毒	叠层效果更好=1	阶梯效果更好=2	
光线	叠层效果更好=1	阶梯效果更好=2	
通风	叠层效果更好=1	阶梯效果更好=2	
喂水喂料	叠层效果更好=1	阶梯效果更好=2	
刮粪	叠层效果更好=1	阶梯效果更好=2	
环境控制	叠层效果更好=1	阶梯效果更好=2	

后　记

本书是科技部重大专项项目《高产蛋鸡高效安全养殖技术应用与示范》的课题五《蛋鸡产业提质增效、转型升级发展模式的研究与评估》的研究成果。核心章节由两部分组成：第一部分包括第2章至第8章，在这部分内容中主要运用蛋鸡养殖户调研数据，分析不同养殖模式对养殖效率（效）和养殖收益（质）的影响，判断蛋鸡养殖户的适度经营规模，从宏观角度分析比较不同规模的养殖效率，提出促进蛋鸡产业提质增效、转型升级发展模式的政策建议，由王丽明博士、武玉环博士、贾伟研究员和秦富教授完成，樊琴琴参与了第8章的研究工作；第二部分由第9章、第10章和第11章组成，评价不同的技术集成经济效益和社会效益，由朱宁副研究员、贾伟研究员、秦富教授完成。第1章和第12章由王丽明博士、秦富教授和贾伟研究员完成。武玉环博士现任职于河北水利电力学院。

研究课题顺利完成，与项目首席的高效领导、项目主持单位的统筹协调、课题内部的精心组织分不开。借助前述优势，课题组成员聚焦于蛋鸡养殖大省四川、河北、山东、河南和安徽等五省，调研了19个县（市），实地调研蛋鸡养殖户（场）400余户；秦富教授带领课题组成员贾伟、王丽明、万莹莹、吴文俊、黄春、张红艳、胡妙迪、晁胜林、樊琴琴等同学完成蛋鸡养殖户调研工作，也感谢上述同学的参与，尤其是万莹莹、吴文俊全程参与蛋鸡养殖户调研和数据整理工作；秦富教授带领课题组成员贾伟、朱宁实地走访北京华都峪口禽业有限责任公司、福建光阳蛋业股份有限公司、湖北神丹健康食品有限公司、宁夏顺宝现代农业股份有限公司、云南云岭广大峪口禽业有限公司、林西德青源农业科技有限公司等，得到上述公司的大力支持并获取了宝贵的第一手资料。

本课题顺利通过绩效评价，与项目主持单位和合作单位的共同努力是分不开的。感谢项目主持单位北京华都峪口禽业有限责任公司孙皓董事长、周宝贵书记、刘爱巧副总经理、季建华经理、研究院执行院长樊世杰、杜永所、张海庆等对课题的支持和帮助。感谢课题合作单位湖北神丹健康食品有限公司林国平副总裁对课题给予的支持和帮助。

著作出版与专家的建议分不开。感谢朱泽研究员、曹利群研究员、肖海峰教授、乔娟教授、李军教授、王玉斌教授、毛学峰教授、刘靖副教授和马玲副教授等提出的建设性建议；感谢中国农业科学院农业经济与发展研究所钟钰研究员、赵一夫研究员和刘合光研究员提出的建议。

感谢地方行业领导、企业同仁的支持和帮助。感谢全国畜牧总站的周荣柱博士协助课题组成员对接各省畜牧站工作人员，帮助课题组联系农户、开展实地调研；感谢四川农业农村厅信息中心的吴思渝老师带领课题组实地调研崇州市、彭州市、江油市、安州区、金堂县、大邑县、犍为县、夹江县等县（市、区）。感谢国家蛋鸡产业技术体系岗位科学家朱庆教授、王红宁教授，绵阳综合试验站齐莎日娜站长，铁骑力士集团饲料事业部乐山公司赵宇总经理、李刚总经理。感谢参与我们课题组的各位同仁，在此不一一列举。

作　者

2021 年 12 月